熊若谷书法

楷书偏旁部首二百法

湖南美术出版社

熊若谷 编著

图书在版编目（CIP）数据

楷书偏旁部首二百法 / 熊若谷编著． -- 长沙 ：湖南美术出版社，2020.10
（毛笔书法入门规范教程系列）
ISBN 978-7-5356-9155-2

Ⅰ．①楷… Ⅱ．①熊… Ⅲ．①汉字－毛笔字－楷书－中小学－教材 Ⅳ．① G634.955.1

中国版本图书馆 CIP 数据核字（2020）第 068072 号

楷书偏旁部首二百法（毛笔书法入门规范教程系列）
KAISHU PIANPANG BUSHOU ERBAI FA（MAOBI SHUFA RUMEN GUIFAN JIAOCHENG XILIE）

出 版 人：黄　啸
编　　著：熊若谷
责任编辑：邹方斌
责任校对：伍　兰
封面设计：郭天民
出版发行：湖南美术出版社
　　　　　（长沙市东二环一段 622 号）
经　　销：湖南省新华书店
印　　刷：长沙市雅捷印务有限公司
　　　　　（长沙市天心区新电路 86 号，长利电气厂内）
开　　本：889mm×1194mm　1/16
印　　张：9.875
版　　次：2020 年 10 月第 1 版
印　　次：2020 年 10 月第 1 次印刷
书　　号：ISBN 978-7-5356-9155-2
定　　价：30.00 元

【版权所有，请勿翻印、转载】
邮购联系：0731-84787105　　邮编：410016
网址：http://www.arts-press.com/
电子邮箱：market@arts-press.com
如有倒装、破损、少页等印装质量问题，请与印刷厂联系斟换。
联系电话：0731-85216252

前 言

　　为了传承中华文化，配合中、小学开设的书法课程，特编写本套毛笔书法入门规范教程，这本《楷书偏旁部首二百法》为其中之一。

　　对于广大学习书法的同学来说，入门时如何尽快掌握方法、少走弯路是大家都非常关注的问题。学习书法就是要从规矩入手，要先认识和了解什么是书法的特点，什么是必要的规则，什么是合理的方法。只有掌握了规则与方法，才能为以后提高书法水平打下坚实的基础。

　　偏旁部首是字形结构的重要组成部分。就汉字的总体而言，绝大部分字都有偏旁部首，而且其形体形态基本上是固定的，《楷书偏旁部首二百法》是《楷书间架结构二百法》的姊妹篇。

　　本册《楷书偏旁部首二百法》，是在前辈老师的书法理论的基础上，删除不合时宜的内容，再加上老一辈书家传授的学书知识及编者总结的学书经验，经过分类、增补、整理编写而成的一本专门论述楷书偏旁部首及书法基础知识的专辑。

　　本书以通俗易懂的文字说明、简单明了的图形、美观规范的字例，比较全面、系统、深入浅出地诠释了楷书偏旁部首在书写中的处理方法。

　　与同类书籍相比，本教程在内容上有了较大的增幅，注重书写方法及理论说明，并把美学、哲学与书法理论结合起来诠释书法艺术的内在奥秘，能较好地解决书法学习中的一些实际问题。本教程针对初学者的实际情况，涉及书法学习与教学的多个方面，循序渐进，条理清晰，图文并茂，例字规范。本教程对于初学书法的同学来说将是大有裨益的，对从事书法教学的青年教师来说也是不可多得的教学参考书。我们期待本教程能给广大同学、广大书法爱好者带来学习的收获。能在学习书法的过程中，助您一臂之力，是我们最大的心愿。

　　由于编者水平有限，在编写过程中，错误及不足之处在所难免，旨在抛砖引玉。恳请书法专家、书法同仁及广大读者批评指正，不吝赐教。本教程在编写过程中，得到著名金石书画家、齐白石老人之高足李立教授的悉心指导并为本书题字，著名画家、总编辑郭天民老师为本书提出宝贵意见并设计封面。在编辑过程中，又得到胡紫桂、邹方斌、史习飞、曹汝成、黄国斌等老师、前辈及朋友们的大力支持和帮助，在此一并表示诚挚的谢意。

编　　者

目　　录

第一章　概　述 …………………………………………………………… 1

第二章　学习楷书的步骤 ………………………………………………… 1

第三章　偏旁部首的分类 ………………………………………………… 2

第四章　偏旁部首的学习方法 …………………………………………… 2

　　一　重心变化与平面分割 …………………………………………… 3

　　　　各种分割形式及其作用 ………………………………………… 4

　　二　偏旁部首与间架结构 …………………………………………… 8

　　　　字头字底与上下结构 …………………………………………… 8

　　　　左右偏旁与左右结构 …………………………………………… 10

　　　　包围部首与包围结构 …………………………………………… 11

第五章　偏旁部首的学习步骤 …………………………………………… 13

第六章　楷书偏旁部首二百法 …………………………………………… 13

附录　书写示例 …………………………………………………………… 154

第一章　概　述

　　字是中华民族文化之根。书法就是把字写得美观大方、赏心悦目的一门抽象的艺术。传承、呵护并把它发扬光大是我们中华儿女神圣职责之所在。随着科学技术的发展，计算机已得到普及，很多领域逐步被"数字化"所取代，然而书法作为一门独特的抽象艺术，仍散发着它无与伦比的艺术魅力，它是中华民族艺术之瑰宝。我们要继承祖国文化遗产，发扬书法艺术的优良传统，为实现中华民族的文化复兴贡献出一份力量。

　　楷书，又称正书、真书、正楷，是书法艺术中的重要组成部分。它始于汉末魏初，至唐时鼎盛，延续至今。楷书体形方正、笔画平稳、点画清晰、搭配均匀、运笔规范，具有较强的艺术性和实用性，历来深受广大人民喜爱。文字是我们传递信息、表达思想、学习知识、交流文化的重要工具，它在人们的社会实践中具有十分重要的作用。汉字的功能是借基本笔画和间架结构的形式符号间接实现的。如果所写文字笔画潦草、自造新字或随意改变文字结构，则会使人看不懂内容，得不到正确信息，因而失去书写的意义。所以学习方正规范的楷书是非常必要的。

　　我国汉字书法艺术的发展过程基本上是：象形文字—甲骨文—钟鼎文—大篆—小篆—隶书—章草—今草—行书—楷书。楷书是从隶书演化而来的，是学习书法的入门课和基础课。掌握了楷书的书写技法，把笔画加以变化，把结构写扁一点，可成隶书；把楷书写得简便、流畅、活泼一些可成行书；在行书的基础上再进一步，可成今草。所以学习中国书法应先学楷书，次学行书、草书及其他书体。如果楷书尚未写好即学行书和草书，其结果往往是所写行书、草书不仅柔滑无骨，而且久成习惯，终究不能学好楷书。老一辈书家把习字的过程比喻为立、走、奔，楷书为立，行书为走，草书为奔。人必须先站立稳了，才能学会走，学好走了，再学会奔跑。没站稳就学跑，哪有不摔跟头的。汉字由点、挑、横、竖、撇、捺、折、钩等笔画构成，结构复杂、千姿百态，每个字有篆、隶、正、行、草等不同书体，同一书体还有多种不同的体式，如正楷有王、欧、颜、柳、赵等不同的字体，所以要写成笔画清楚、结构准确、体式完美的书法作品并不容易，需要经过长期不懈的努力才能做到。

第二章　学习楷书的步骤

　　所谓书法，就是讲文字的点画、间架、结构、行列的法度。怎样才能写成工整美观的正楷字呢？学习正楷应由易而难、由简而繁，循序渐进。书法是一种艺术。我们知道，汉字主要是从自然的形象演化而来的，其根源是象形字，因此近代书画家常讲究"书画同源"。要学好工整美观的楷书，可以参照绘画的学习方法。绘画是先学横竖直线、弯曲弧线，学习构图、明暗色调，待这种基本练习达到一定水平，再进行色彩、人物、风景画的学习。学书法也是如此，得先练习基本功。首先学习毛笔的使用方法，锻炼自己的手，使用毛笔能得心应手，然后学习书写各种基本笔画的技法，当基本笔画的形态临摹学习达到一定程度，再进一步临摹学习楷书的结构及其书写的技巧方法。

楷书的学习宜分五个阶段：（一）学习掌握文房四宝——笔、墨、纸、砚等工具的使用方式；（二）学习正楷字的基本笔画与偏旁部首；（三）学习汉字的间架结构和分间布白；（四）学习每一个字的形态、风格神韵；（五）学习各字上下相承、左右顾盼及整幅文字风格一致、神气一贯的布局章法。

第三章　偏旁部首的分类

汉字分为独体字和合体字两大类。其中，合体字由两个或两个以上的偏旁组成，独体字则不能被拆分。汉字的偏旁有两类，一是表意符号，二是成字偏旁。表意符号其实也是独体字的简化或变形。举个简单的例子，单人旁就是一个由独体字"人"变形而来的表意符号，将其与独体字"也"组合在一起，就构成了合体字"他"。

偏旁是合体字的构成部分，而给同一偏旁的汉字所立的类目就是部首。为了方便分类，独体字的起笔笔形"横、竖、撇、点、折"也被视为部首的一种。严格来说，这些偏旁本应以"某某部"呼之以示区别，但经约定俗成，在实际使用中仍多以"某某旁"为名。字典中，部首可以作为查字的依据，例如我们的常用汉字在《新华字典》检字表中就被分列在201个部首之下。

由于同一部首的形体和写法相对固定，且广泛出现在各种合体字中，因此写好那些最常见的、最具代表性的、书写难度较大的部首对于提升楷书水平十分重要。

第四章　偏旁部首的学习方法

书法是抽象的线条造型艺术。但是，单一线条不是书法。虽然一条线（如楷书"一"字）也具有书法艺术表现的性质，但毕竟是单调的；只有以"组合"线条组成的篇章，才具有丰富的书法内涵。

书法的造型美是繁多线条的组合美，线条之间存在着各种巧妙的关系。18世纪法国美学家狄德罗曾提出著名的"美在关系"说。他认为美是事物中客观存在的一种"性质"，存在物中没有这种性质便不美，这种性质就是客观事物中千差万别的"关系"。"不论关系是什么，我认为组成美的，就是关系。"（狄德罗《美之根源及性质的哲学的研究》）而我们恰恰要在这里揭示出组成书法美的线条彼此间的"关系"所在。通常所谓"书法艺术"，是对那些以美的线条按照形式美构成规律组合起来的诸多汉字的整体把握。研究线条的关系，是深刻理解书法艺术的又一关键问题。

一　重心变化与平面分割

中国汉字是方块字，书法艺术是线条的艺术。方块在线条的作用下，便产生了平面分割。偏旁部首与间架结构又赋予平面分割更加不同和复杂的形式，使方块字的视觉中心产生偏移。它们之间究竟是怎样的关系？分析如下：

平面结构的变化，首先取决于平面空间的分割，也就是取决于形象在平面空间中的位置和占有面积。各种不同的位置及占有面积的比较，造成平面空间各种不同的分割形式，而不同的分割又形成不同的平面结构。它们必然会使人们产生各种不同的视觉感受。

我们可以在图一的三个平面（见 A、B、C）中做如下实验：

首先在第一个平面的正中央画一个点（见图一 A），这个点在平面空间中的位置使它周围的空间绝对均衡。我们可以看到：由于四周力的绝对均衡，这个点在视觉上是停滞的，没有任何运动趋势。

如果我们在第二个平面偏某个上角再画一个点（见图一 B），点的周围空间就失去了绝对均衡，使我们感到面积大的部分压向面积小的部分，这就是力的偏移感觉。由于这种视觉作用，这个点在平面中具有向上浮起的运动趋势。

相反，如果我们把这个点放置在另一下角（见图一 C），那么就会产生和图一 B 相反的运动趋势。

在图一中，A 图是绝对均衡的分割，有停滞的感觉，B、C 两图均打破了 A 图的均势，于是画面活跃起来。很显然，画面中的不同感觉取决于形象在平面空间中的位置，取决于平面分割的形式。虽然点在平面中并未造成几何分割，但显然造成了空间感觉的变化，形成了平面重心的变化。如果用各种线条在平面中作各种分割，便将出现各种几何分割，同时也将出现各种不同的视觉效果。

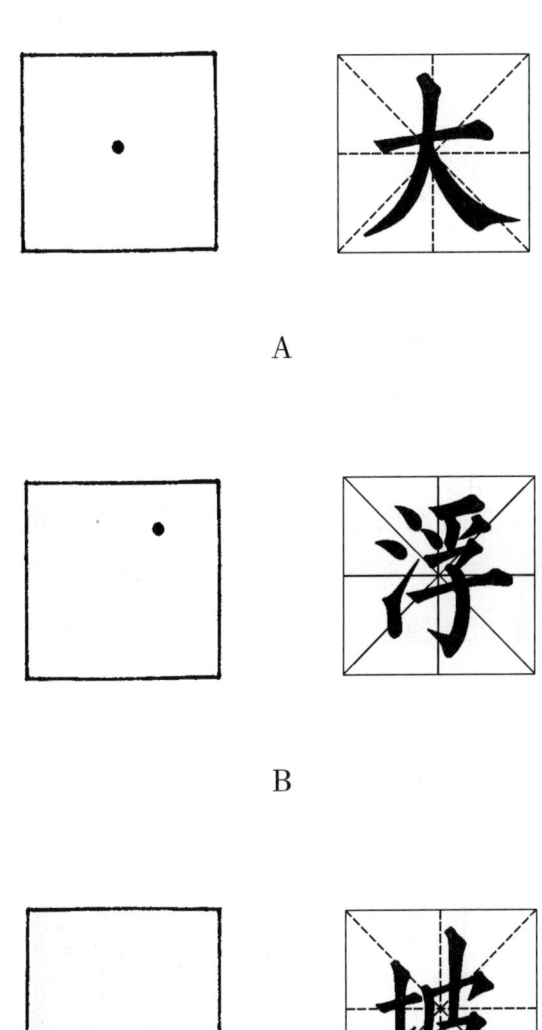

A

B

C

图一

各种分割形式及其作用

平面结构的任何一种分割都包含了重心和力的变化。我们可以将主要分割方式简要分析如下：

1. 一条垂直线对等分割（见图二）：这种分割使平面的左右空间对称，形成稳定而高耸的形式感。

2. 一条水平线对等分割（见图三）：这种分割使平面的上下空间对称，形成平静而宽广的形式感。

3. 十字均衡分割（见图四）：平面被分成四等份，力的对比绝对均衡，显凝滞，无突出的高耸或宽广倾向，其交叉点成为视觉中心。

以上三图属均衡分割。将三图相互比较，我们可以明显看出：图二显长，图三显宽，而图四的比例在感觉上不变。由此可见垂直线、水平线和十字交叉线在平面中具有不同的视觉作用。

4. 垂直线偏移分割（见图五、六）：当垂直线偏向一侧时，在分割后的平面中，较大的部分压向较小的部分，有明显的运动趋势，视觉中心向较大的部分集中。

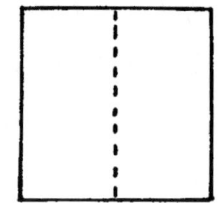

图二

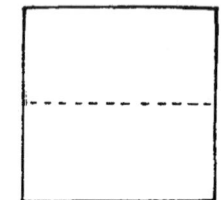 

图三

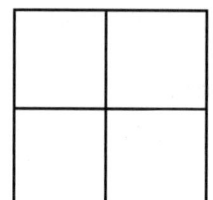 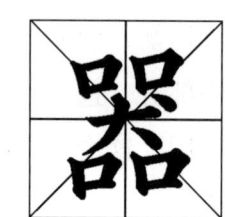

图四

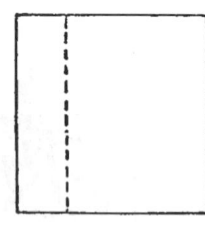  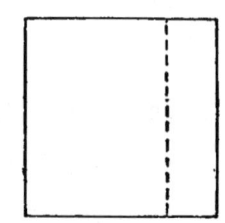 

图五　　　　　　　　　图六

5. 水平线偏移分割（见图七、八）：当水平线偏向上方或下方时，在分割后的平面中，较大的部分也压向较小的部分，产生明显的运动趋势，视觉中心向较大的部分集中。

6. 十字不均衡分割（见图九、十、十一、十二、十三）：分四种情况——当水平线向上偏移时，水平线有上升之感，而垂直线明显感觉向下方延伸（图九）；当水平线向下偏移时，

  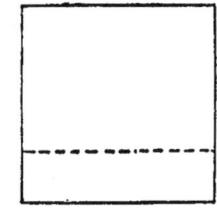 

图七　　　　　　　　　　　　图八

水平线即有下沉之感，而垂直线感觉向上延伸（图十）；当垂直线向一侧偏移时，水平线则向另一侧延伸（图十一）；当垂直线和水平线同时出现偏移时，力的对比产生向面积较小的一角运动的趋势（图十二、十三）。

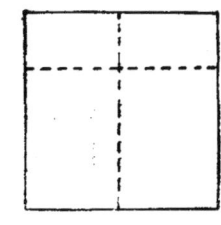  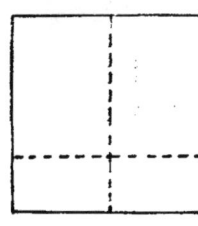 

图九　　　　　　　　　　图十

7. 两条以上的水平线分割（图十四）：分割后的上下两边压向中间部分，自然产生向内压迫之感，视觉中心倾向较大的部分。

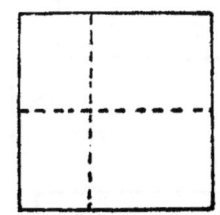  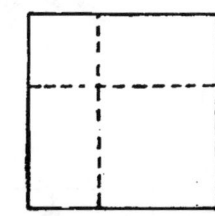 

图十一　　　　　　　　图十二

8. 两条以上的垂直线分割（图十五）：分割后的左右两边压向中间部分，自然产生向内压迫之感，视觉中心也倾向于较大的部分。

以上各种均属基本平稳的分割。

9. 斜线和曲线分割（图十六、十七、十八、十九）：在画面中作斜线或曲线分割，在视觉上是较为活跃的分割方式。图十六在视觉上向上敞开；图十七在视觉上则向下敞开；图十八和图十九均有较强的运动感。显然，斜线和曲线在画面中具有打破平稳、加强动势的视觉作用。

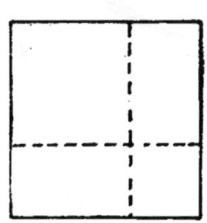 

图十三

10. 圆形分割（图二十）：平面中的圆形分割不仅有流动感，而且其重心向圆心集中，因此有收拢、闭合的感觉。

从以上各种分割的比较中，我们可以看到：凡在分割后打破对称均衡的画面，必然产生力的紧张和松弛的对比，由此产生明显的运动趋势；而在对称分割的平面中，只存在力的绝对均衡，平面则稳定、静止甚至呆滞；两条线的交叉点明显成为视觉中心；而当面积呈现大小强烈对比时，视觉中心则向较大的部分集中。

垂直线在分割中有加高平面的作用，水平线在分割中有加宽平面的作用。这种视觉现象实际上是一种错觉，可以根据实际需要调整和利用。

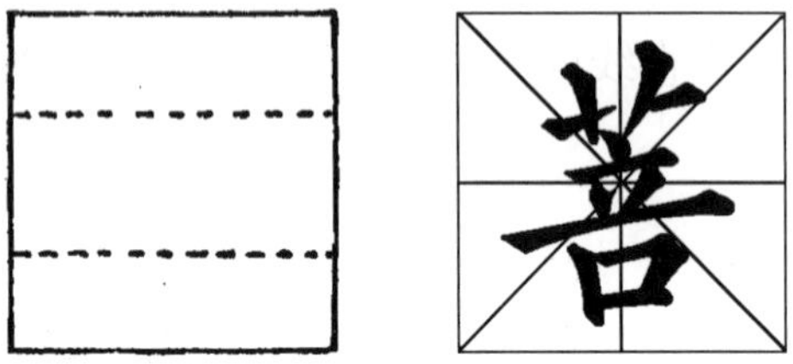

图十四 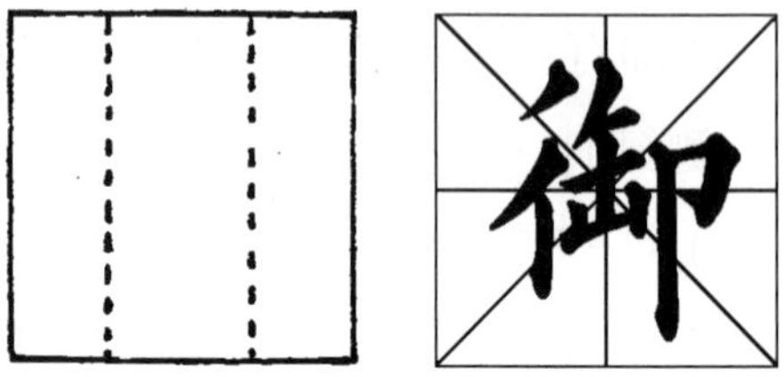　　　　　　　　　　　　　图十五

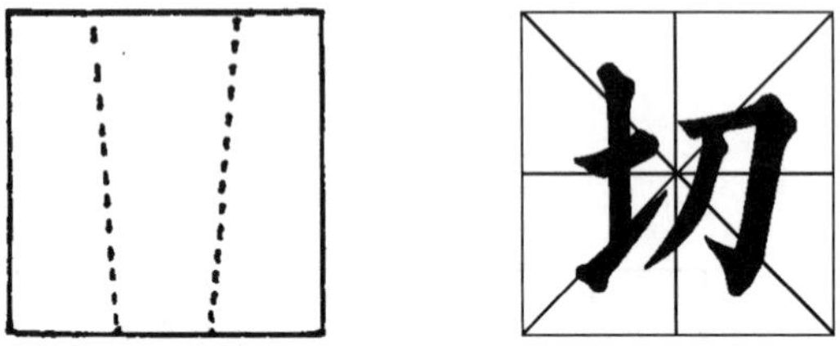

图十六 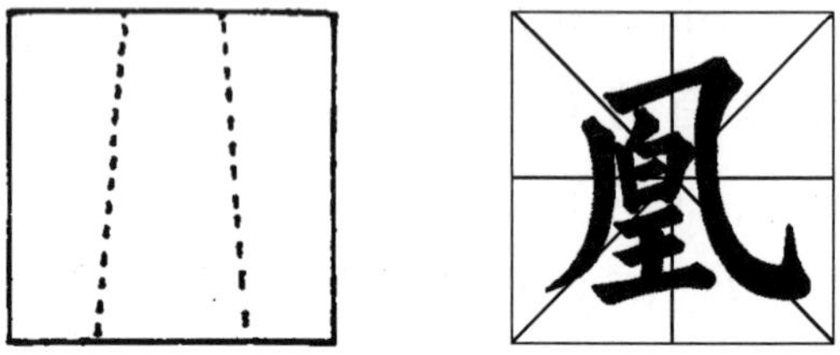　　　　　　　　　　　　　图十七

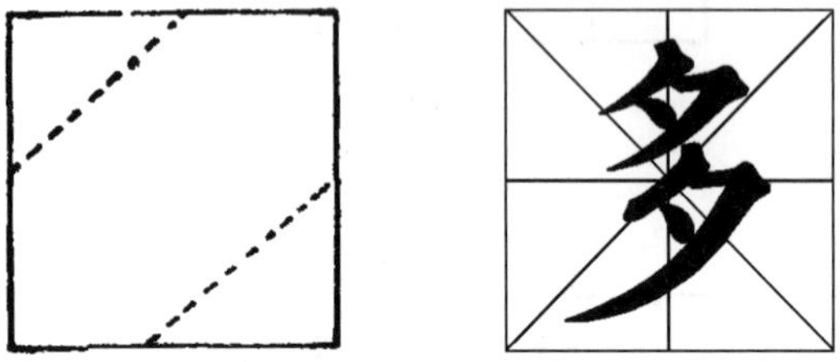

图十八 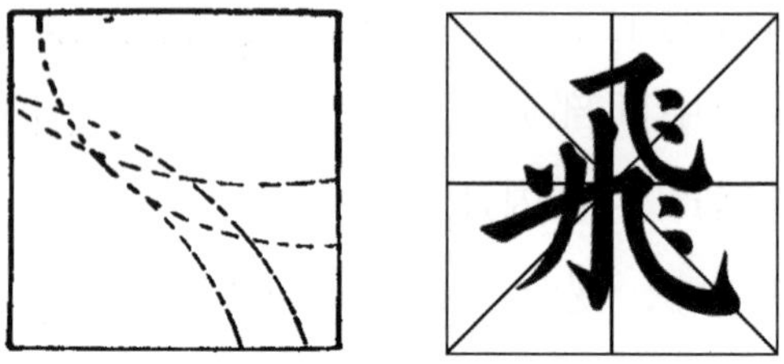　　　　　　　　　　　　　图十九

两个大小一样的长方形，纵向叠在一起，感觉上会误认为上面一个大，下面一个小，因此为了追求视觉平衡，上面的要小些紧些，书法结体也是如此，篆书、分书、楷书无不上紧下松。横轴线偏下的造型反其道而行之，分割上疏下密，进一步强化上大下小的感觉，结果会使结体产生头重脚轻的憨情稚态。（见图二十一）

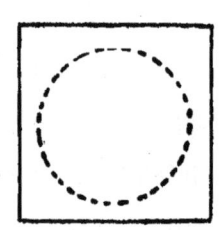

图二十

上紧下松与上松下紧是两种不同的分割处理方法，具有不同的视觉效果。上紧下松能纠正视觉误差，是常态；上松下紧强化了视觉误差，是变态，是非常规的独特处理。

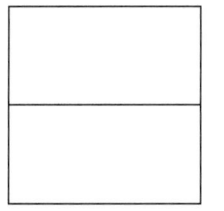 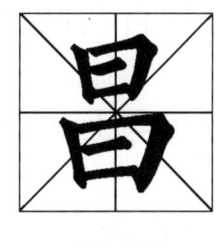 

图二十一

不同的平面分割产生不同的结体造型，但是必须指出两点：第一，所有这些图像分析都是建立在比较基础上的，事实上，任何风格的结体造型都不可能绝对平衡。因为绝对平衡了，就没有一点张力，没有一点生气，是一种呆相。我们在讨论一般的结体方法时说过，凡写楷书，都或多或少地带有上紧下松、左紧右松等特点。第二，所有的方法都只能说个大概，具体应用时还有许多变数，当我们将字轴线上移下移或者左移右移时，必然会引起分间布白的不匀称，为了保持平衡，必须同时做出各种各样的补救和调整。以图二十二为例，A 图横线是等分的，由于人的视觉误差，会让人感到上大下小，因此书法家就会将两条横线上移，变为上紧下松的 B 图形式。而这种形式的竖轴线居中，两边余白对称，比较呆板，因此书法家又会让竖轴线左移或右移。如果左移的话，就成为 C 图形式，造型比较生动，但是左紧右松，左右两边不均匀不平衡，于是书法家又会通过各种办法，或者将下面一栏的竖线右移成 D 图形式，下面左疏右密，与上面的左密右疏形成对比，重新建立一种整体平衡。这种补救和调整的方法很多，方法不同，风格各异，书法家的造型功夫就体现在对不平衡的敏感性和调整方法的多样性上。

任何存在都是以空间为基础的，任何图形都是对空间的分割。分割得平衡与不平衡，主要看被分割出来的各个余白之间的组合关系。从楷书的角度来说，"分间布白，勿令偏侧"，强调平正。从行书的角度来说，为求变化，必须强调分间布白的多样性和统一性。上述方法说得过于简单，但是这有一个好处，就是可以明白地表示分割的位置变化与结体造型之间的关系，帮助大家直观地了解历代法书的结体特征与风格面貌，更好地掌握变化与结体的方法。

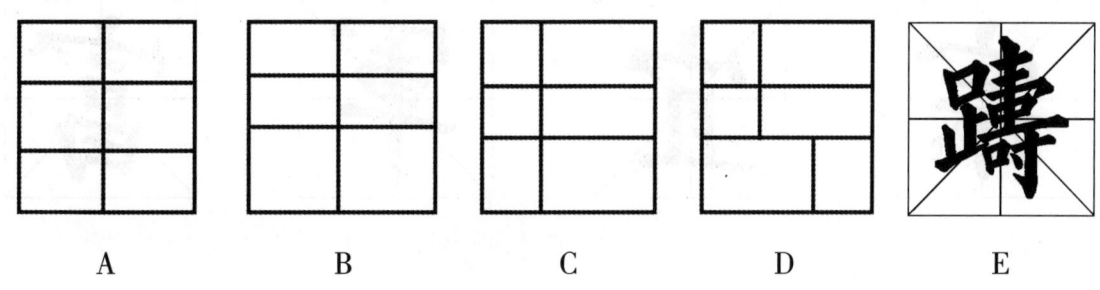

图二十二

二 偏旁部首与间架结构

字头字底与上下结构

广义上而言，上下结构包括上下及上中下结构两大类。其中，由上下两个部分组成的字为上下结构，由上中下三个部分所组成的字称为上中下结构。

上下结构的字，须上下各部分中心上下对正，左右均分。字头、字底须纵向紧缩，横向外伸。字头上部宜伸，下部向上紧缩，有长横或撇捺者，宜向左右伸展，呈盖下之势。字底下部宜展，上部紧缩，有长横者宜向左右伸展，呈上托之势。

第一节 字头

（一）带中点或中竖的字头

凡字头中的中点或中竖须置于字的竖中线上，左右部分应对称。

（二）带宝盖式的字头

带宝盖式的字头中的中点将字头左右中分，"宀"部的左点与右钩互相呼应，且横画宜宽，将下部盖于宝盖之内。若下部有长横或长撇、长捺向左右外伸，则"宀"部宜缩，整字呈上窄下宽之形。

（三）左右中分对称的字头

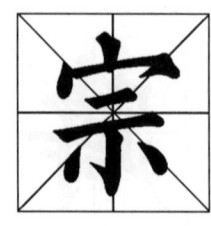   

左右两部分开又完全同形的字头，应注意左右对称，且左次右主，左小右大，左轻右重，左低右高，略有变化；左右短竖均向内斜，以形成左右互相呼应之势。

以撇捺为主的字头，其撇捺应左右中分对称，尽力向左右外伸以盖下。扁口字形的字头，横画要平，竖画也要左右对称排列，且皆向内斜。

第二节　字底

（一）带中竖的字底

带中竖（含竖钩）的字底应保证其中竖在字的竖中线上，左右部分的笔画应左右对称，而又有形态、轻重及位置的变化，同时要注意字底纵向向下压缩成扁形，以免字形过长。

（二）竖或点左右均分的字底

以竖或点为主组成的左右均分的字底，必须以竖中线为对称轴，竖或点左右对称，排列均匀，且左低右高相连续，同时还应注意各竖或点的形态与轻重变化。

（三）笔画繁难的字底

有些字底，或笔画较繁，或以斜向笔画为主，或左右并不对称，较难安排，写好这些字的关键在于将其笔画安排匀称，下部宜宽，主笔左右伸展以托上，同时注意掌握中心位置以求平稳。

左右偏旁与左右结构

由左右两个部分组成的字，其结构形式为左右结构。

左右结构的字，其横向笔画宜缩，以免字形过宽；左右部分应向中间聚拢，左右外围竖画要略向外拓，使左右部分呈互相呼应之势。各部分所占位置的宽度由各部纵向笔画的多少来确定。

左右偏旁当注意缩放：偏旁在左，应左放而右缩，左放以显舒展，右缩以让右部；偏旁在右，应右放而左缩，右放以显宽松，左缩以让左部。

第一节　左偏旁

（一）以竖画为主的左偏旁

以竖画为主的左偏旁，其竖画应当略向左拓而显抱右之势，用垂露，回锋向右收笔。竖画左右两旁的笔画则应左放右缩。

（二）带方折的左偏旁

此类左偏旁如"口、日、月、贝"等，重点在于横折，折部可方可圆，其用笔的方圆与字的右旁上部笔画的多少有关。右旁上部笔画少而显空，则左旁折部形方并向右拓展；右旁上部笔画多而显密，则左旁折部形圆并向内略收缩。左旁折部长竖应正直有力。

（三）笔画繁难的左偏旁

在左偏旁中，还有一些笔画繁多或以斜向笔画为主、重心难于稳定的偏旁，如"氵、方、女、子、纟"等左偏旁，写好这些偏旁的关键在于上下各部分的中心要对正；"金、食、车"一类左偏旁，笔画虽多，但都是以横竖为主，只要注意在笔画安排均匀的基础上写正中竖，力

撑左旁，就能写好。

第二节　右偏旁

（一）笔画简单的右偏旁

笔画简单的右偏旁，其笔画可稍加重以增加右部的分量，而使左右平衡。有长竖（含竖钩）者，长竖宜正且微向外拓以抱左，而与左部呼应；无长竖者，则应掌握其重心位置，注意使右部的重心稳定，同时做到横向笔画向左拓展，使重心略向左偏。

（二）笔画较繁的右偏旁

笔画较繁的右偏旁，除主笔外，其他笔画可适当写轻一点。笔画安排以均匀平正为主，竖

  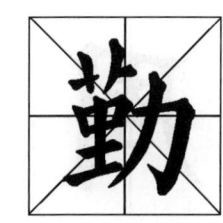 

画长则须稍弯而向外拓，与左部呈相互呼应之势；无长竖者则应掌握好重心的位置，右旁应略倾斜，并注意与左部之间的穿插。

包围部首与包围结构

由内外两部分组成的字，其结构形式为包围结构，又称为围框式结构。

包围结构的字应首先考虑外围笔画的位置大小，再写内包部分，务必使内外两个部分比例匀称，符合"内必摄外，外必朝内"的结构原则。同时，外围笔画一般应稍向内缩，以免字形过大。

包围结构分为半包围（两面包围和三面包围）和全包围两大类。

（一）两面包围部首

两面包围有左上、右上和左下半包围三种类型。左上包围部首中，其左撇不宜过长，斜度也不宜过大，应稍弯以显力度；右上包围部首中，须掌握好折钩或斜钩的形态与位置；左下包围部首的关键在捺，捺画后段应平，且有上仰之势，以承上。

（二）三面包围部首

三面包围分为上包下、左包右、下包上三种类型。上包下部首外围的竖向笔画应稍长而向内缩；左包右部首底横应长而显宽以托上；下包上部首的左右竖画宜短不宜长，且外拓以呈抱

内之势。

（三）全包围部首

全包围部首不论其内包部分笔画多少，其外框须向内缩，稍小于其他结构的字，以免感觉整个字形过大而与其他字不协调。全包围部首极少，最常见的是国字框。

   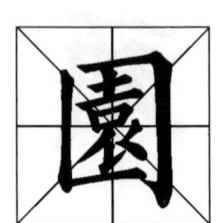

第五章　偏旁部首的学习步骤

偏旁部首是字形结构重要的组成部分。就汉字总体而言，绝大部分字都有偏旁，而且偏旁的形体形态基本上是固定的，只是根据该偏旁以外的组成部分的变化，适当地在高低、宽窄、大小、轻重等方面做出相应的调整。这一点也正是练习偏旁部首时最需要学习和研究的地方。

所以，偏旁练习基本分两步走：第一步，无论偏旁部首之外的部分怎样安排，偏旁的基本写法应该是一致的，所以我们必须先掌握好偏旁的基本形体形态，熟练地掌握偏旁的基本笔法和基本要领；第二步，在对偏旁的基本形体形态有了一些基础练习之后，要用更多的时间和精力结合全字进行练习，根据不同的例字掌握不同的技法要领，这是因为同一种偏旁部首在不同的字中有着不同的处理方法。具体地说，就是我们在练习写偏旁部首的时候，要根据这个字独有的形体特征，去有意识地留有空余之处，即笔下虽然没有写，但心中却有一个完整的字。

学习楷书偏旁部首，在下笔之前要先在脑中有一个理想的字形，然后再下笔书写。晋代大书法家王羲之这样写道："夫欲书者，先干研墨，凝神静思，预想字形、大小、偃仰、平直、振动，令筋脉相连，意在笔前，然后作字。"也就是说，学习书法应把结构当做布阵谋略加以重视。结构与偏旁，两者有密切的联系，如同战略与战术的关系。结构必须照顾全局，为偏旁创造条件，安排位置；偏旁必须服从结构，听从指挥，配合协调。学习楷书的方法是先认识、研究、掌握楷书构成的理论知识并将其作为书写实践的指导思想。不过仅有理论知识而无实践经验是不行的，自己的手和笔是不会听从使唤的，还必须依靠自己的努力和学习的恒心，才能把理论和实践有机地结合起来。艺术水平的提高，是从无法到有法，再从有法到无法这样重复而呈螺旋式上升的过程。所谓"法无定法"，指书法要讲究法，但又不要被法所束缚。所以学好楷书的关键，在于正确认识和掌握楷书的间架结构美化的原则，同时熟练地掌握偏旁部首和基本笔法的书写技巧。如能这样坚持不懈地反复进行学习和实践而达到熟练的程度，熟能生巧，水到渠成，是一定能写好工整美观的楷书的。

第六章　楷书偏旁部首二百法

本册《楷书偏旁部首二百法》是《楷书间架结构二百法》的姊妹篇。书中共收180种部首、280多个偏旁。有些偏旁部首，字典中未收录，但作为书写参考需要，本书仍将其纳入，并按简体笔画顺序排列。《楷书偏旁部首二百法》是以帮助同学们怎样写好偏旁部首而编写的，选字方式比较灵活，以练习实用为要。在字例缺少的情况下，繁体字、简体字、异体字、独体字、较生僻的字等，都会采用，同学们应加以区分，特此说明。各偏旁部首的例字，也均在旁标出简体字，方便识读。

1. 横部

整体宽扁
形取平势
右稍扛肩
起笔要轻
收笔稍重
中部稍细
见：
"上、五、工、丕"

2. 竖部

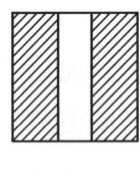

整体窄瘦
位置居中
起笔略顿
垂直行笔
末笔出锋
形如悬针
见：
"中、丰、申、半"

丿部 丶部

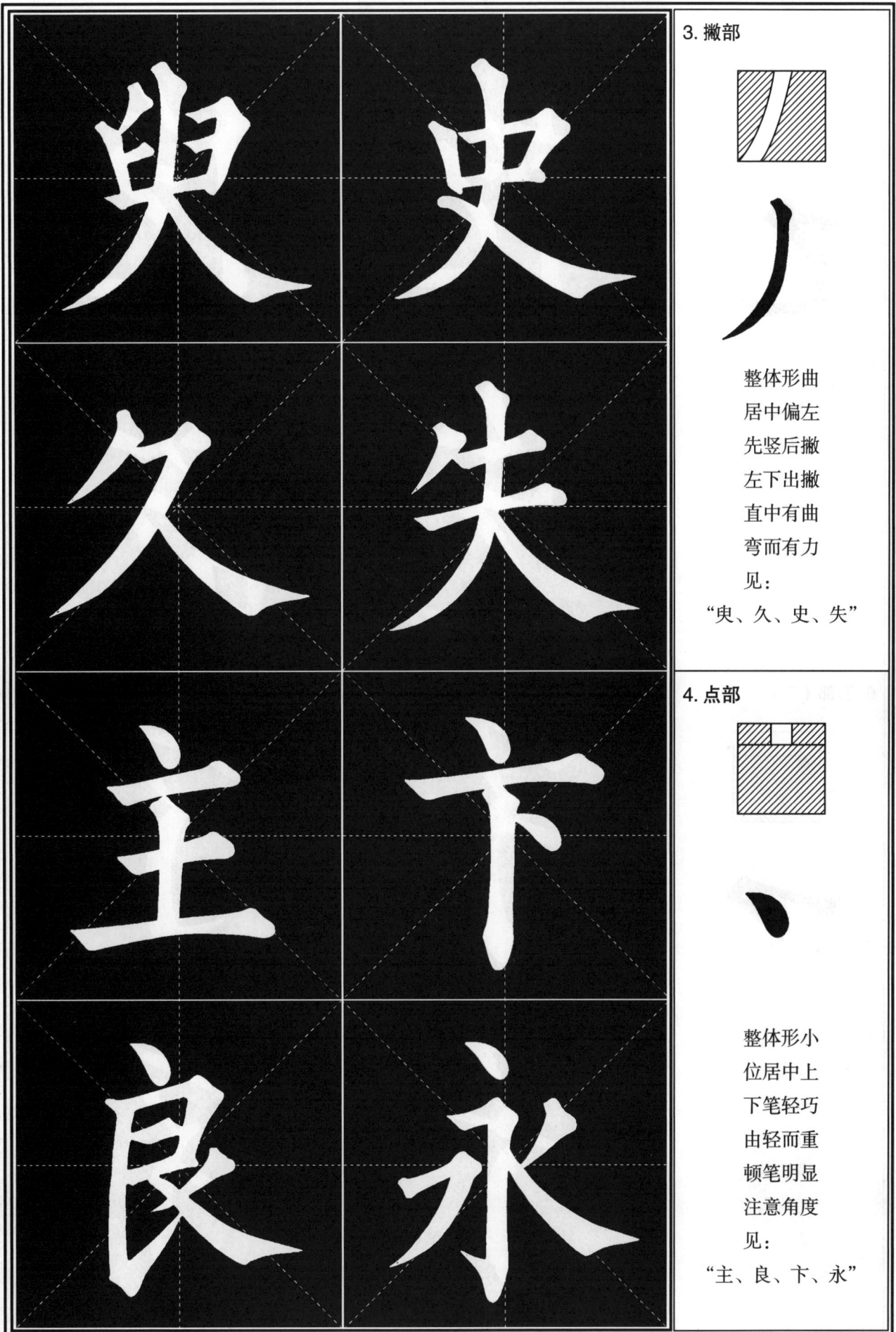

3. 撇部

丿

整体形曲
居中偏左
先竖后撇
左下出撇
直中有曲
弯而有力
见：
"曳、久、史、失"

4. 点部

丶

整体形小
位居中上
下笔轻巧
由轻而重
顿笔明显
注意角度
见：
"主、良、下、永"

乙(乛)部

5. 乙底

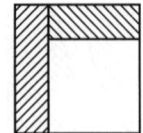

乙

乙字变形
整体形方
位居右下
钩画右展
曲中有直
上紧下松
见：
"乾、屹、仡、讫"

6. 乙部（乛）

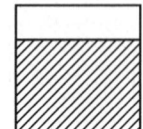

整体宽扁
位置居上
横画扛肩
右上挑出
横长撇短
夹角适中
见：
"子、予、了、孑"

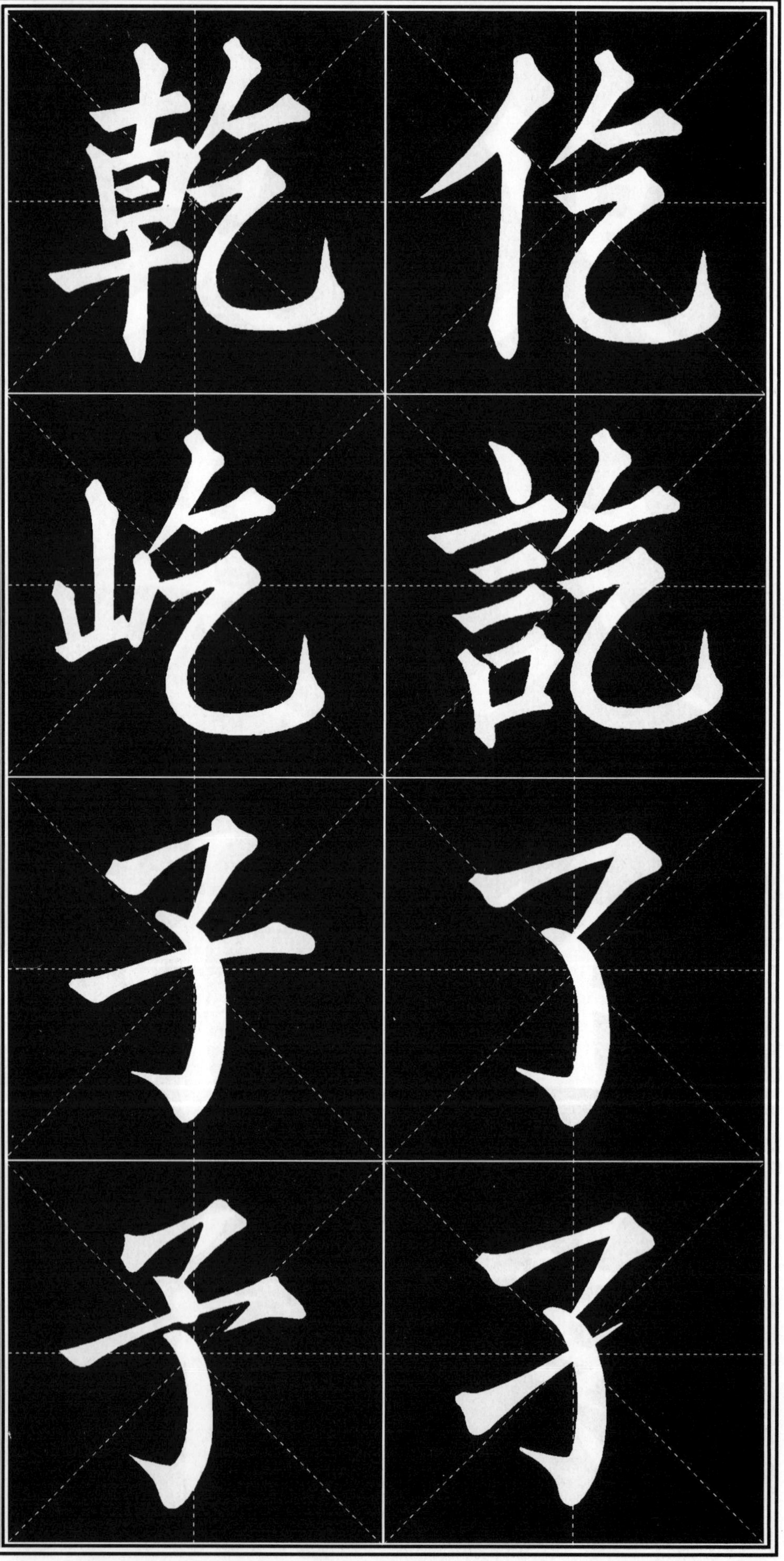

乾 仡
屹 訖
孑 了
予 孖

乙部（コ、乚）

7. 乙部（コ）

整体形方
右上包围
横短竖长
竖稍内斜
横折自然
出钩有力
见：
"司、刁、习、羽"

8. 乙部（乚）

整体形窄
位置居右
竖长横短
直中带曲
转折自然
朝上出钩
见：
"孔、乩、乱、乳"

二部　厂部

9. 二字头

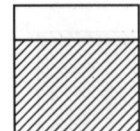

二

二字为头
位居上部
稍微变形
上下压缩
上短下长
横画扛肩
见：
"云、元、亓、示"

10. 厂字头

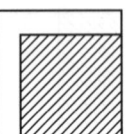

厂

厂字变形
左上包围
横撇虚接
横画扛肩
横短撇长
撇画劲挺
见：
"辰、厉、厚、厥"

十部

11. 十字头

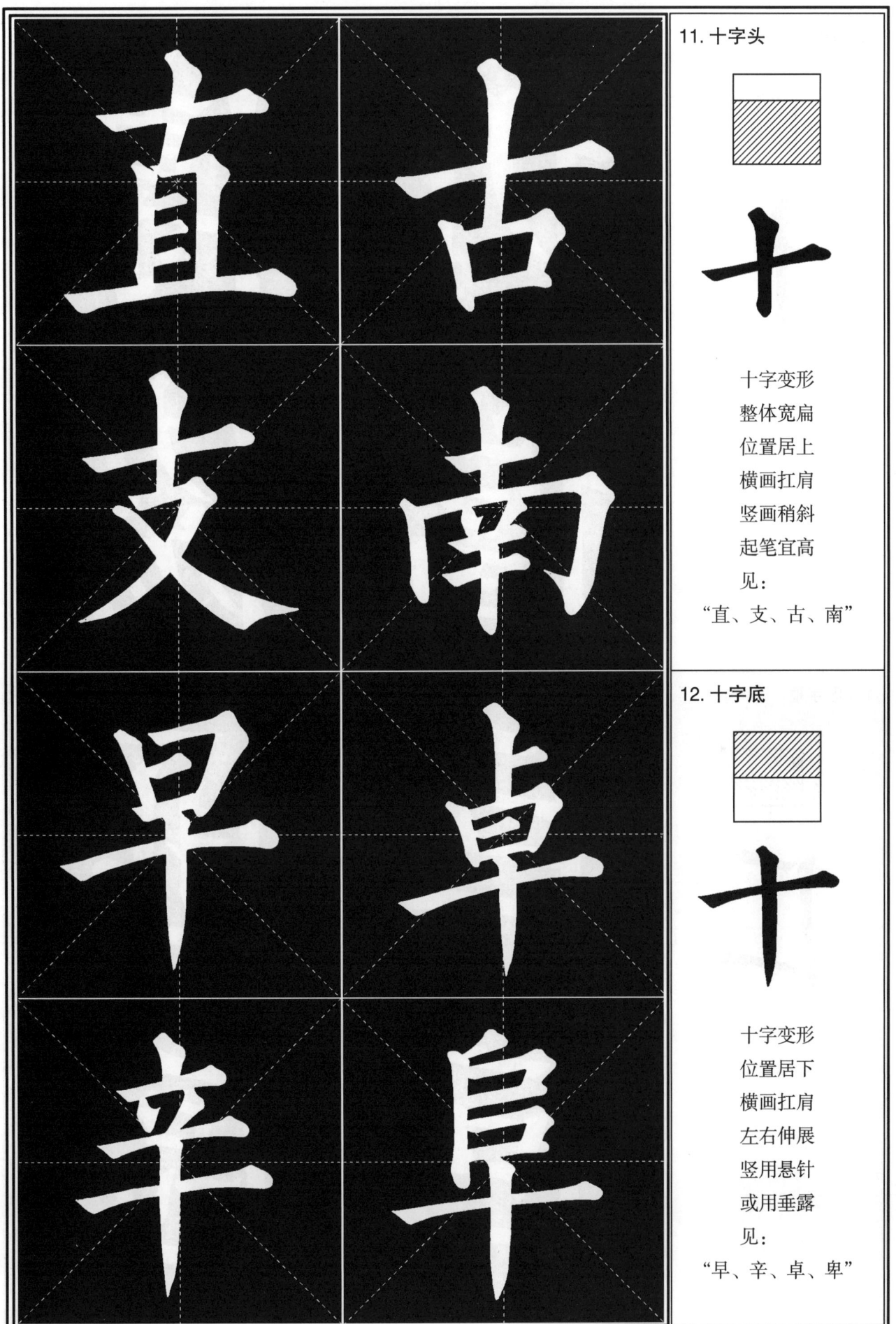

十

十字变形
整体宽扁
位置居上
横画扛肩
竖画稍斜
起笔宜高
见：
"直、支、古、南"

12. 十字底

十

十字变形
位置居下
横画扛肩
左右伸展
竖用悬针
或用垂露
见：
"早、辛、卓、卑"

十部　匚部

13. 十字旁

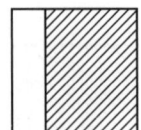

十字变形
整体瘦长
位置居左
短横扛肩
起笔宜高
竖用垂露
见：
"忻、挡、博、协"

14. 区字框

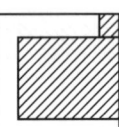

位居三面
三面包围
竖长稍粗
横画扛肩
上短下长
长横托上
见：
"巨、叵、匪、区"

刂部　卜部

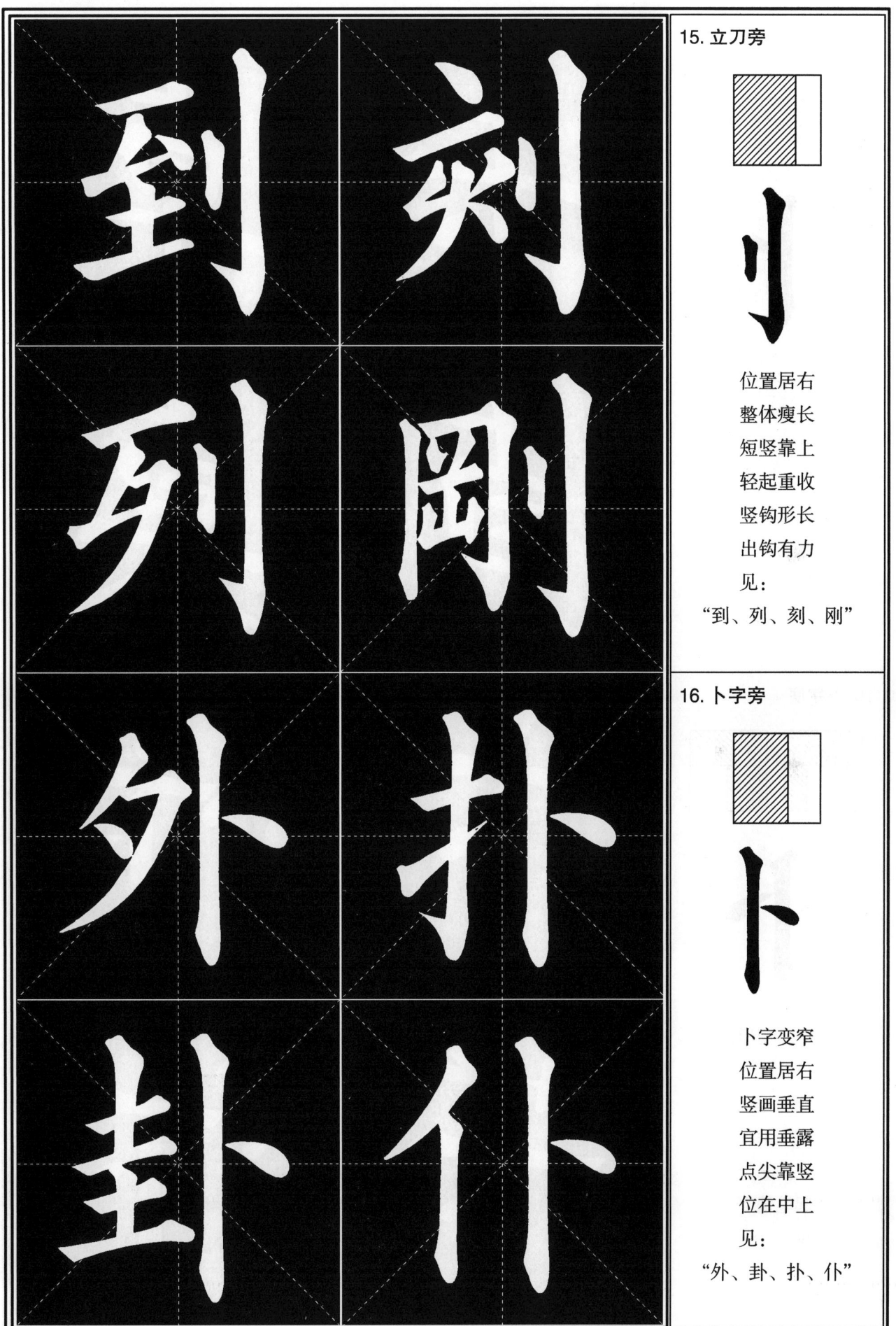

15. 立刀旁

位置居右
整体瘦长
短竖靠上
轻起重收
竖钩形长
出钩有力
见：
"到、列、刻、刚"

16. 卜字旁

卜字变窄
位置居右
竖画垂直
宜用垂露
点尖靠竖
位在中上
见：
"外、卦、扑、仆"

卜（卜）部

17. 卜字头

卜

卜字变形
位置居上
竖画垂直
用笔较粗
点变短横
起笔偏上
见：
"卡、贞、卓、桌"

18. 卜字底

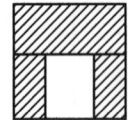 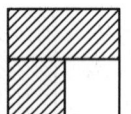

卜

卜字变形
位置居下
竖画垂直
宜用垂露
点尖靠竖
起笔偏上
见：
"卡、苄、忭、汴"

冂部　亻部

19. 同字框

冂

位居三面
三面包围
整体长方
左低右高
左竖稍短
右竖稍长
见：
"同、冈、囹、网"

20. 单人旁

亻

人字变形
横向压缩
撇短竖长
竖用垂露
撇下接竖
可为虚接
见：
"何、仁、仰、储"

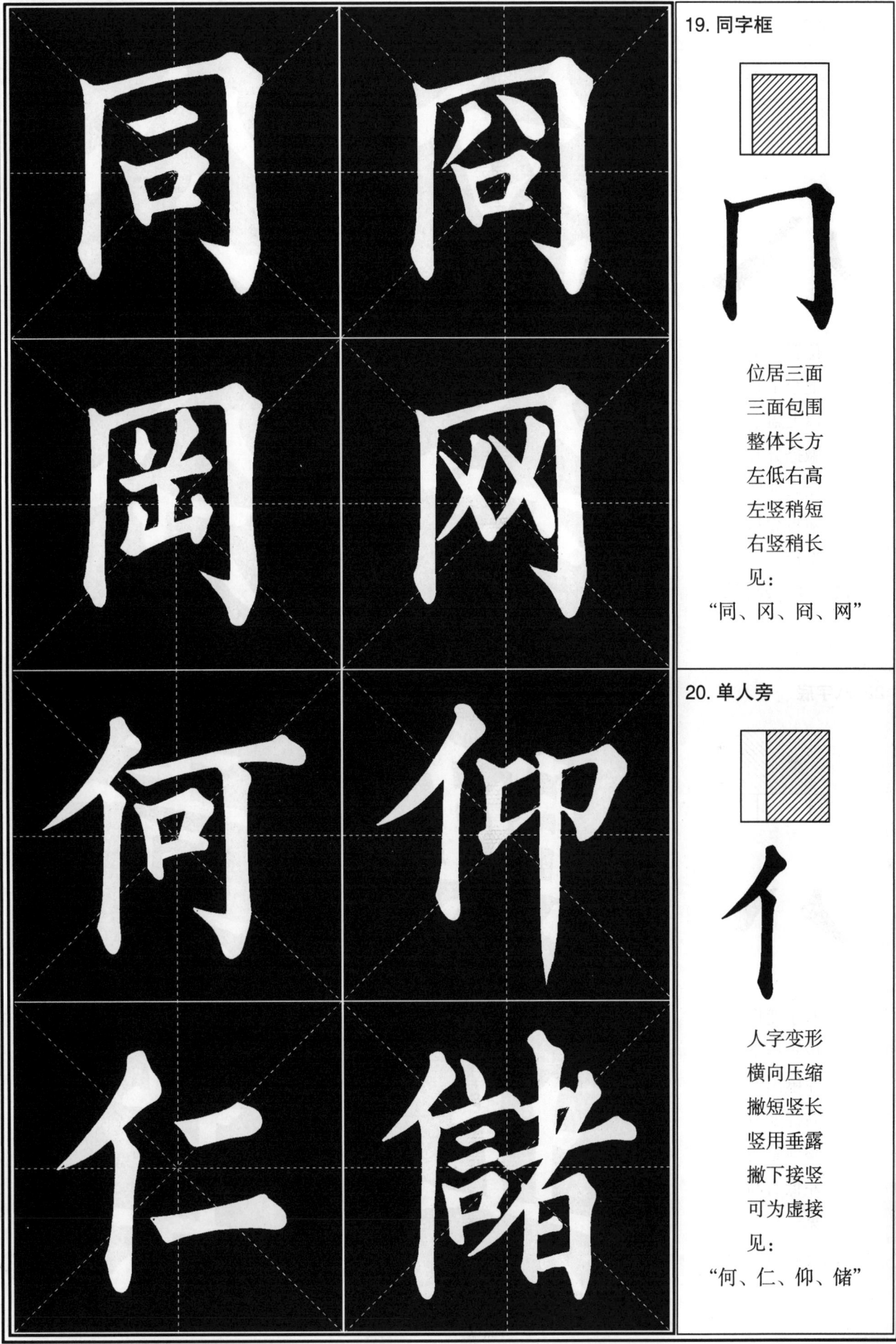

八部

21. 八字头

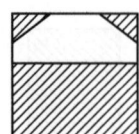

位置居上
上窄下宽
以上盖下
撇捺分开
左右伸展
撇短捺长
见:
"岔、兮、公、分"

22. 八字底

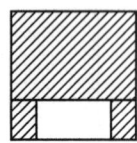

八字变形
位置居下
左撇出锋
右捺变点
整体紧凑
左低右高
见:
"与、共、责、其"

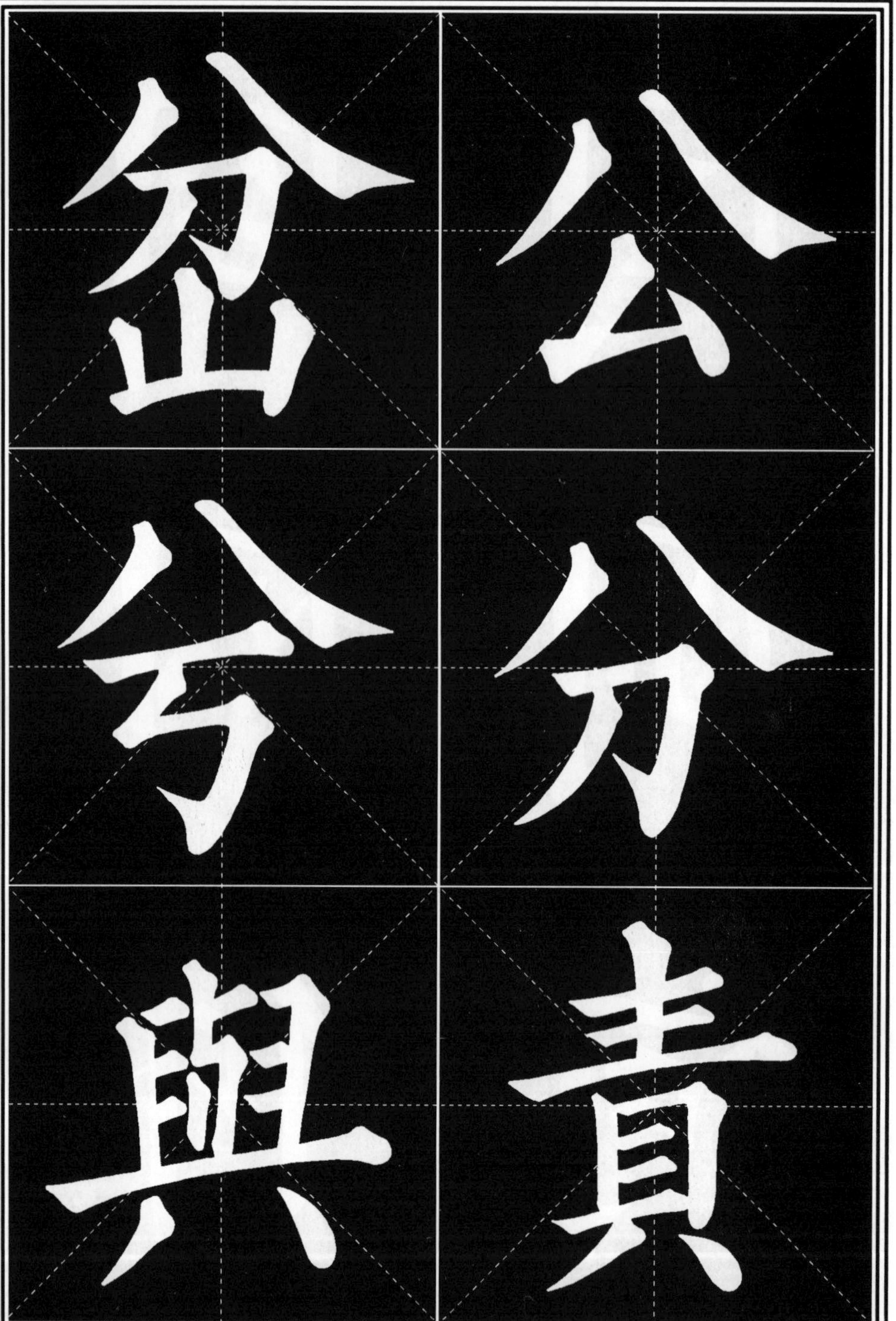

八(丷)部　人部

23. 兰字头

位置居上
左右相对
左点出锋
右撇短小
左右靠拢
皆向内斜
见：
"养、并、尊、前"

24. 人字头

呈三角形
以上盖下
撇捺伸展
撇画微弯
起笔稍高
捺画劲挺
见：
"今、令、命、会"

勹部　几部

25. 包字头

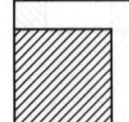

右上包围
形取斜势
撇画稍短
横笔扛肩
钩画内斜
出钩有力
见：
"匀、勿、旬、句"

26. 几字底

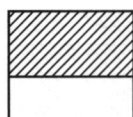

几字变形
整体宽扁
位置居下
形取平势
撇短微弯
钩画右展
见：
"亢、亮、凭、凳"

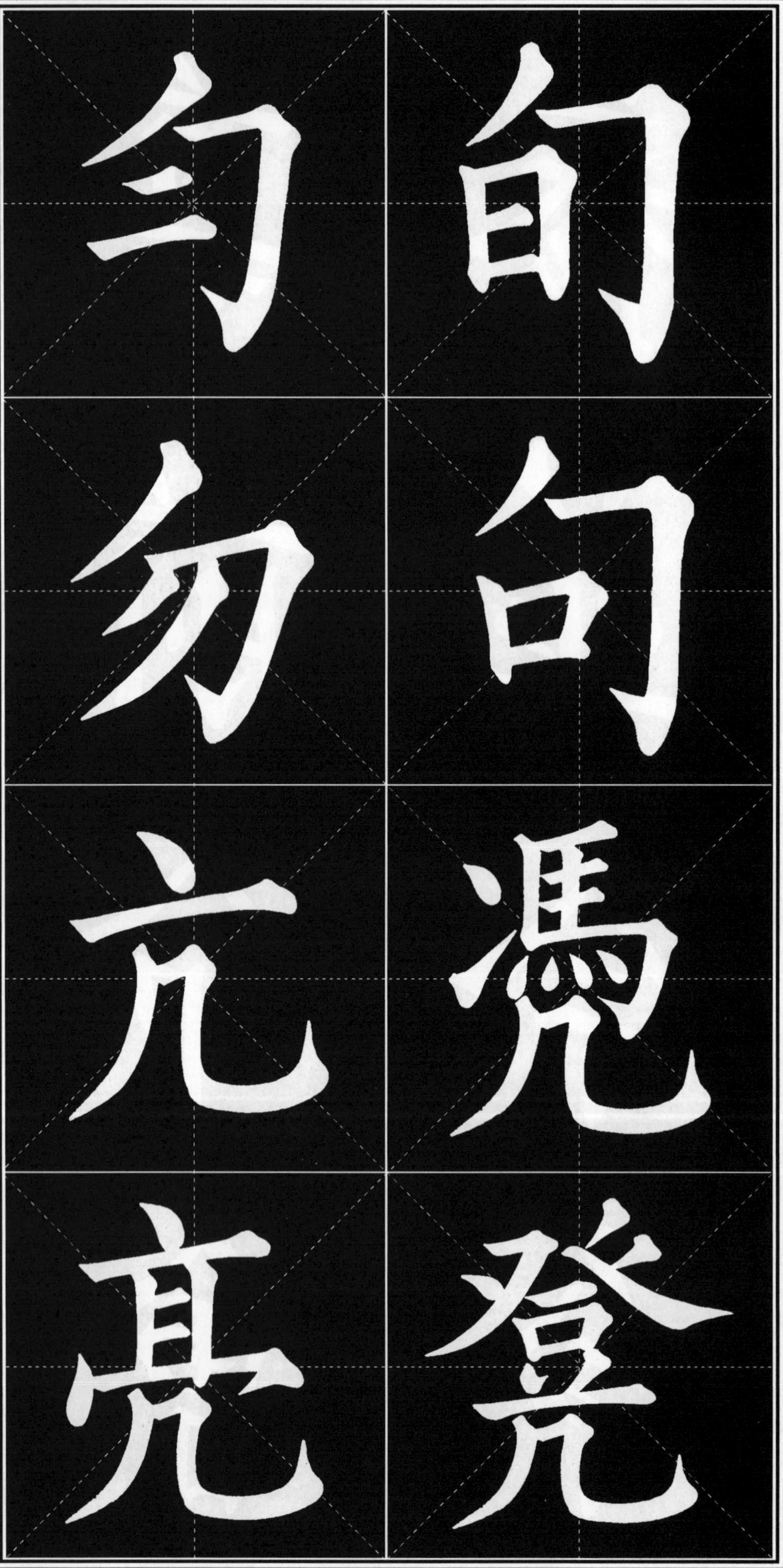

匀　旬

勿　句

亢　馮

亮　凳

几部　儿部

27. 风字框

几字变形
三面包围
上窄下宽
中部内凹
撇画稍纵
钩画右展
见：
"风、凰、凤、夙"

28. 儿字底

儿字变形
整体宽扁
位置居下
形取平势
撇短微弯
钩画舒展
见：
"光、先、兄、允"

亠部 冫部

29. 点横头

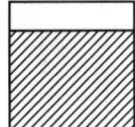

一

位置居上
形取平势
点画居中
横画扛肩
下宽横短
下窄横长
见：
"高、亭、衷、商"

30. 两点水

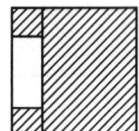

位置居左
点画靠近
上笔用点
下笔用挑
上下呼应
笔断意连
见：
"冰、冲、准、凝"

冖部　讠(言)部

31. 秃宝盖

位置居上
形取平势
左右平衡
左点垂下
横画扛肩
钩朝左下
见：
"军、罕、冠、幂"

32. 言字旁

言字变窄
位置居左
整体斜势
横画扛肩
上长下短
点口对正
见：
"记、论、请、读"

卩部　巳部

33. 单耳刀

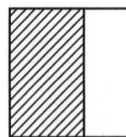

卩

位置居右
整体形窄
横折钩小
竖画劲挺
竖用垂露
或用悬针
见：
"即、叩、御、卿"

34. 仓字底

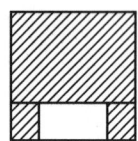

位居中下
形取平势
横折钩小
竖弯钩大
上紧下松
左紧右松
见：
"叁、卷、危、厄"

即　御
叩　卿
叁　危
卷　厄

阝部

35. 左耳旁

阝

位置居左
耳廓宜小
横撇弯钩
一笔连写
竖画劲挺
宜用垂露
见：
"阳、阵、陇、随"

36. 右耳旁

阝

位置居右
耳廓稍大
横撇弯钩
可断可连
竖画垂直
可用悬针
见：
"部、邱、郴、乡"

凵部　刀部

37. 函框

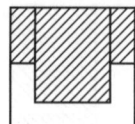

位居三面
三方托上
形取平势
横画扛肩
横长竖短
竖画内斜
见：
"凼、齿、函、幽"

38. 刀字旁

刀字变窄
位置居右
形取斜势
横画扛肩
钩长内斜
撇画稍短
见：
"切、剑、仞、劫"

刀部　夕部

39. 刀字底

刀

刀字变形
整体宽扁
形取斜势
位置居下
横画扛肩
钩画内斜
见：
"分、梦、劈、券"

40. 斜刀头

夕

刀字变形
整体紧凑
形取斜势
位置居上
撇画稍短
横撇内斜
见：
"象、色、负、急"

力部

41. 力字旁

力

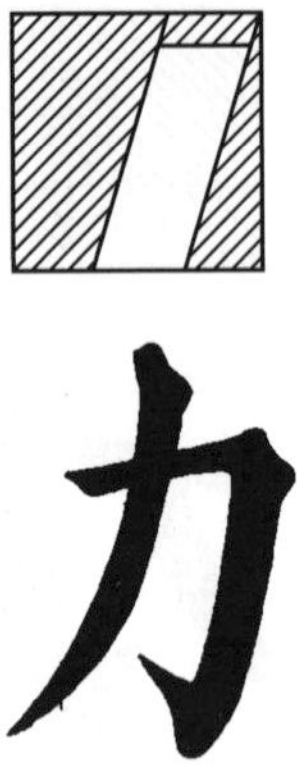

力字变形
整体略窄
位置居右
形取斜势
撇画左伸
钩画有力
见：
"动、勃、幼、勤"

42. 力字底

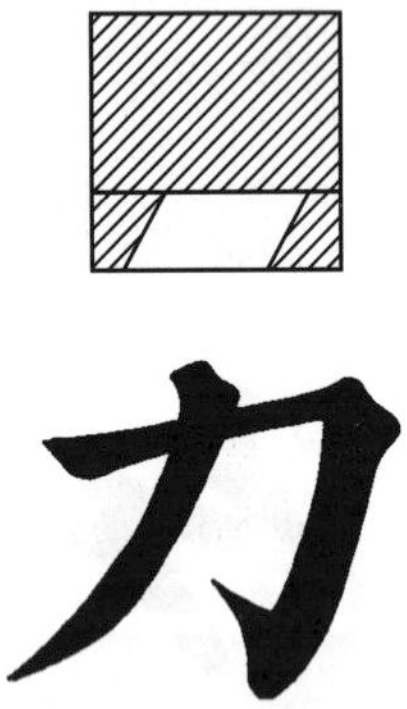

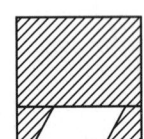

力

力字变形
纵向压缩
位置居下
形取斜势
撇画左伸
钩画有力
见：
"男、另、劳、募"

動 幼
勃 勤
男 勞
另 募

厶部

43. 三角头

厶

正三角形
整体紧凑
位居中上
形取平势
撇折短斜
点画劲挺
见：
"矣、叁、参、弁"

44. 三角底

厶

正三角形
整体紧凑
位置居下
形取平势
撇折稍短
点画劲挺
见：
"去、县、公、玄"

45. 又字旁

又

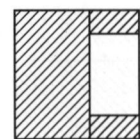

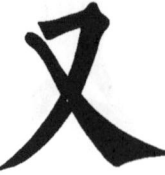

又字变形
整体窄长
位置居右
上紧下松
横撇稍纵
捺画伸展
见：
“取、叔、叙、睿”

46. 又字底

又

又字变形
整体宽扁
位置居下
上紧下松
横撇放纵
捺画舒展
见：
“受、叟、双、只”

取	敘
叔	叡
受	雙
叟	隻

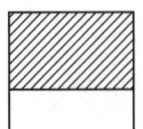

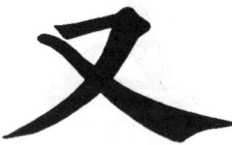

廴部　工部

47. 建之旁

廴

位居两面
左下包围
横折折撇
形窄左斜
平捺伸展
以托上部
见：
"建、乃、延、迫"

48. 工字旁

工

工字变形
整体窄小
位置居左
横画扛肩
竖画正直
下横变挑
见：
"功、巩、巧、项"

工部

49. 工字头

工字变形
整体宽扁
位置居上
横画扛肩
短竖稍偏
下横伸展
见：
"贡、觅、舌、汞"

50. 工字底

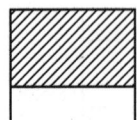

工字变形
整体宽扁
位置居下
横画扛肩
短竖稍偏
下横较长
见：
"空、仝、差、左"

贡 吾
觅 汞
空 差
仝 左

土部

51. 提土旁

土字变形
左右压缩
横短竖长
横画扛肩
下横变挑
形取斜势
见：
"城、坡、坤、场"

52. 土字底

土字变形
整体宽扁
位置居下
竖短略粗
短横扛肩
长横平正
见：
"至、型、墨、坠"

53. 土字头

土字变形
整体宽扁
位置居上
中竖略粗
上横扛肩
下横伸展
见：
"幸、袁、寺、圭"

54. 提手旁

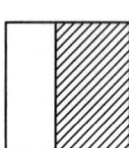

位置居左
整体瘦长
竖钩垂直
出钩有力
横画扛肩
挑画启右
见：
"握、挹、抑、搬"

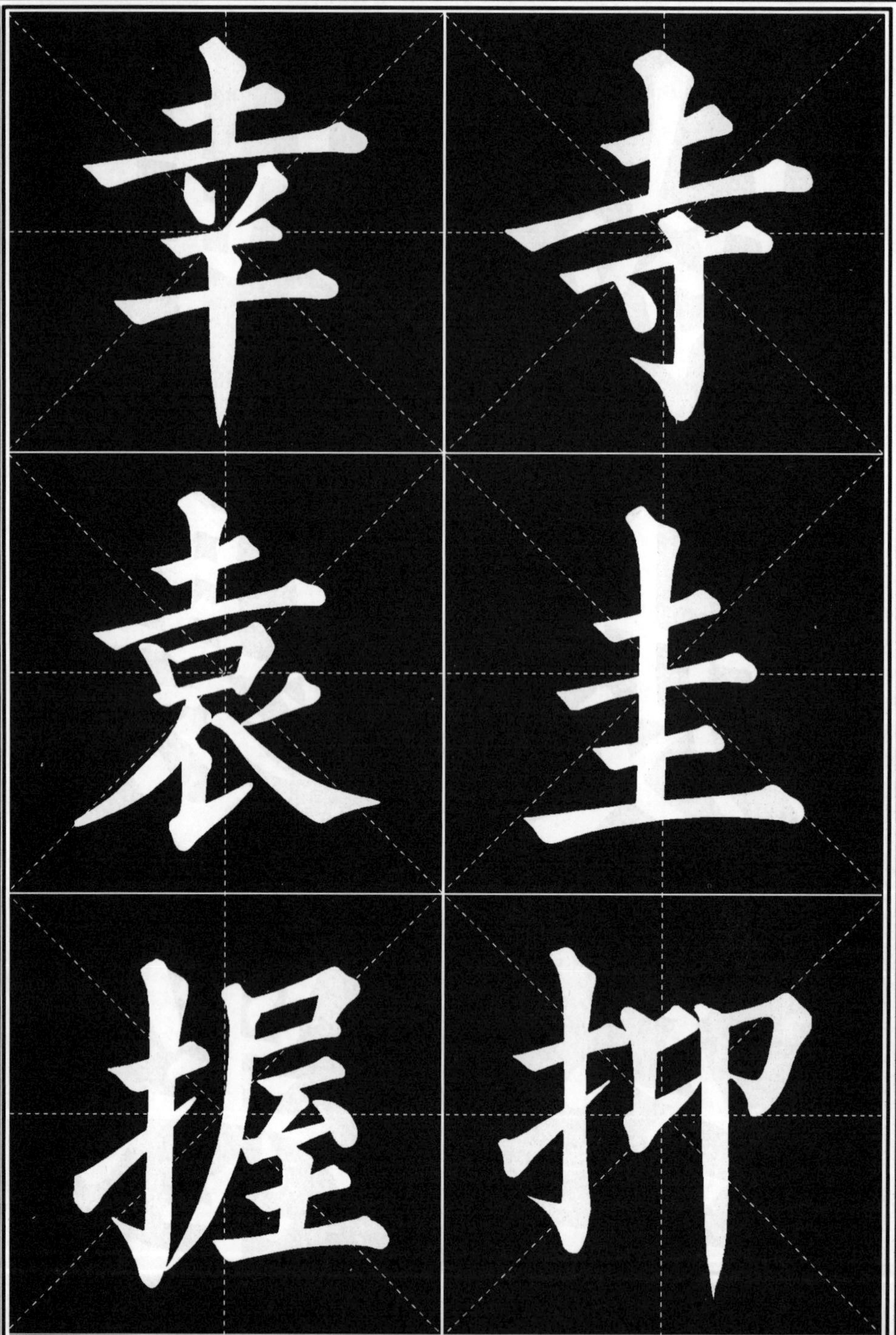

士部 艹(艹)部

55. 士字头

士

士字变形
位置居上
横画扛肩
下横略短
中竖高起
笔画略粗
见：
"志、壹、寿、喜"

56. 草字头

艹

位置居上
左右靠紧
左横右尖
右横左尖
两竖变挑
上松下紧
见：
"若、茶、蓉、蒸"

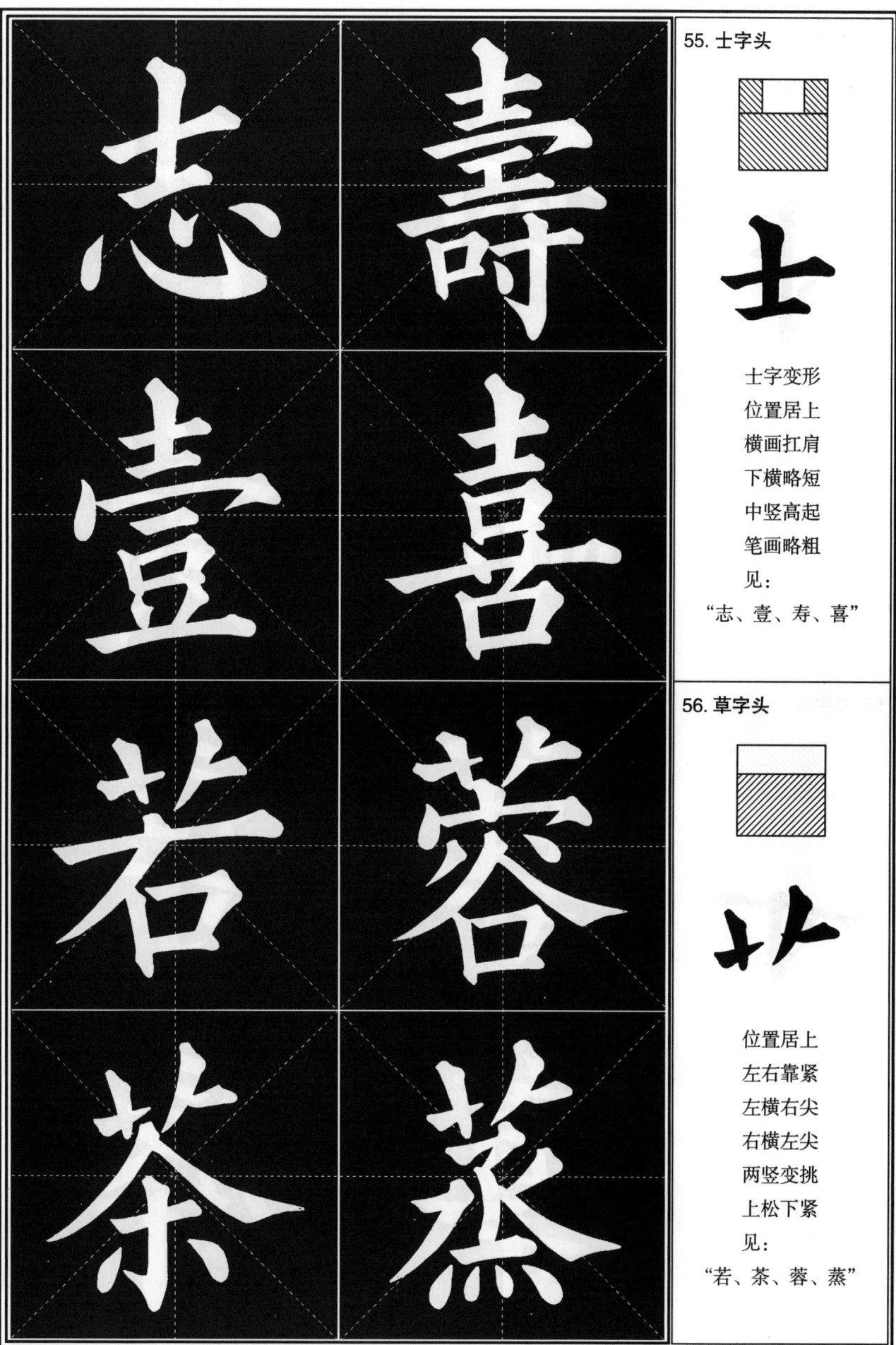

寸部

57. 寸字旁

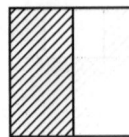

寸字变形
整体瘦长
位置居右
短横扛肩
竖钩伸长
点画靠上
见：
"封、耐、衬、对"

58. 寸字底

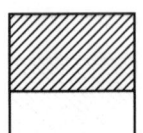

寸字变形
整体宽扁
位置居下
横画伸展
竖钩稍短
点画靠上
见：
"尊、导、寻、辱"

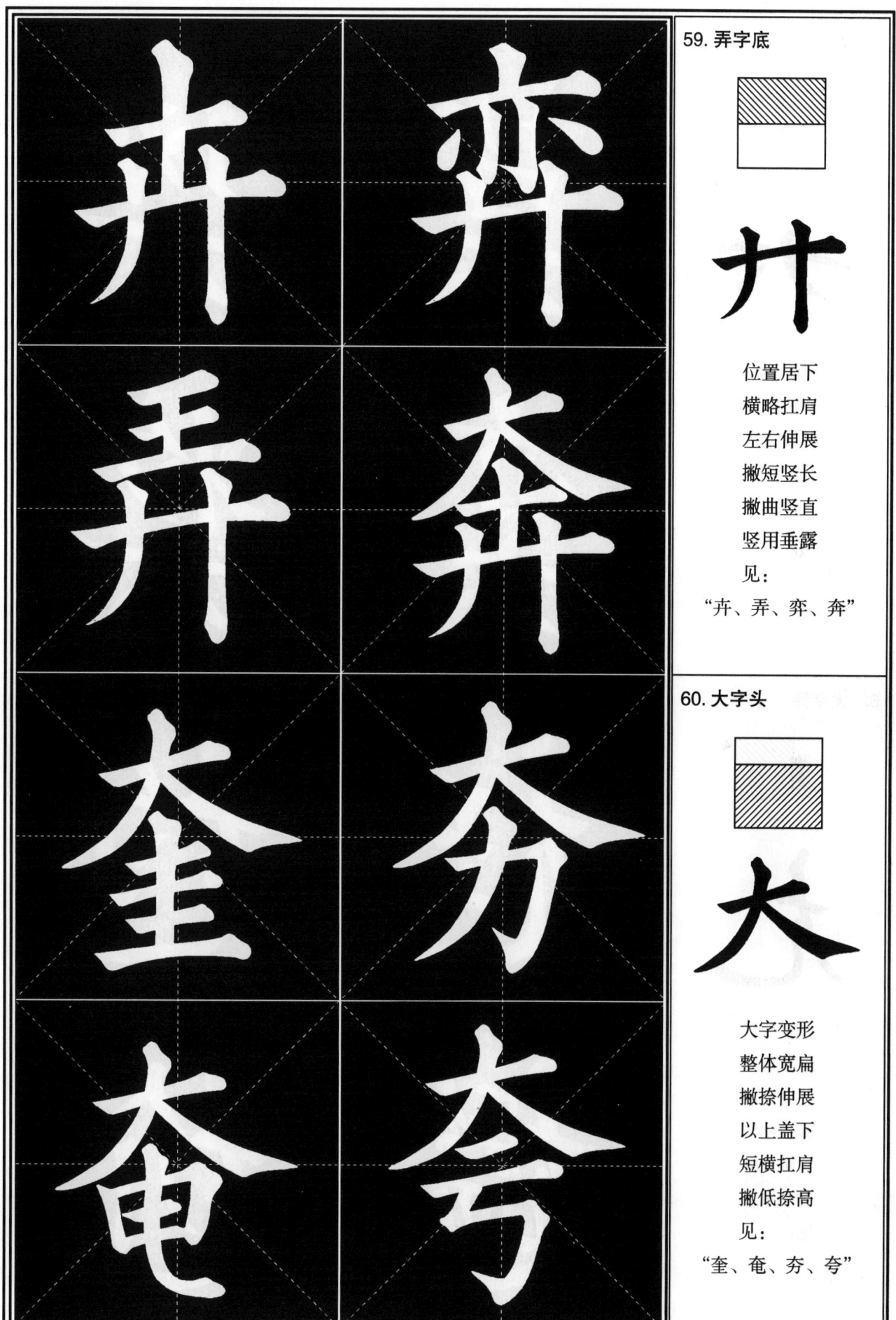

59. 弄字底

位置居下
横略扛肩
左右伸展
撇短竖长
撇曲竖直
竖用垂露
见：
"卉、弄、弈、奔"

60. 大字头

大字变形
整体宽扁
撇捺伸展
以上盖下
短横扛肩
撇低捺高
见：
"奎、奄、夯、夸"

大部　尤部

61. 大字底

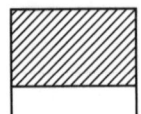

大

大字变形
位置居下
整体宽扁
宽以托上
横长撇短
捺变成点
见：
"莫、奕、契、奖"

62. 尤字旁

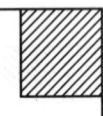

尤

尤字变形
左下包围
短横扛肩
撇长稍纵
钩画右伸
朝上出钩
见：
"尫、尴、尥、尬"

弋部　小（⺌）部

63. 弋字头

弋字变形
右上包围
横画扛肩
斜钩微弯
右下伸展
上点靠右
见：
"式、甙、武、弎"

64. 小字头

小字变形
位置居上
竖画粗短
居中正直
两挑斜对
向竖靠拢
见：
"尚、堂、当、赏"

口部

65. 口字头

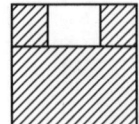

口字变形
纵向压缩
位居中上
形取平势
上宽下窄
下横封口
见：
"吕、足、员、吴"

66. 口字旁

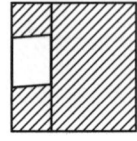

口字缩小
位居左上
行笔短促
形取斜势
上宽下窄
下横封口
见：
"呼、啼、啡、噫"

口部

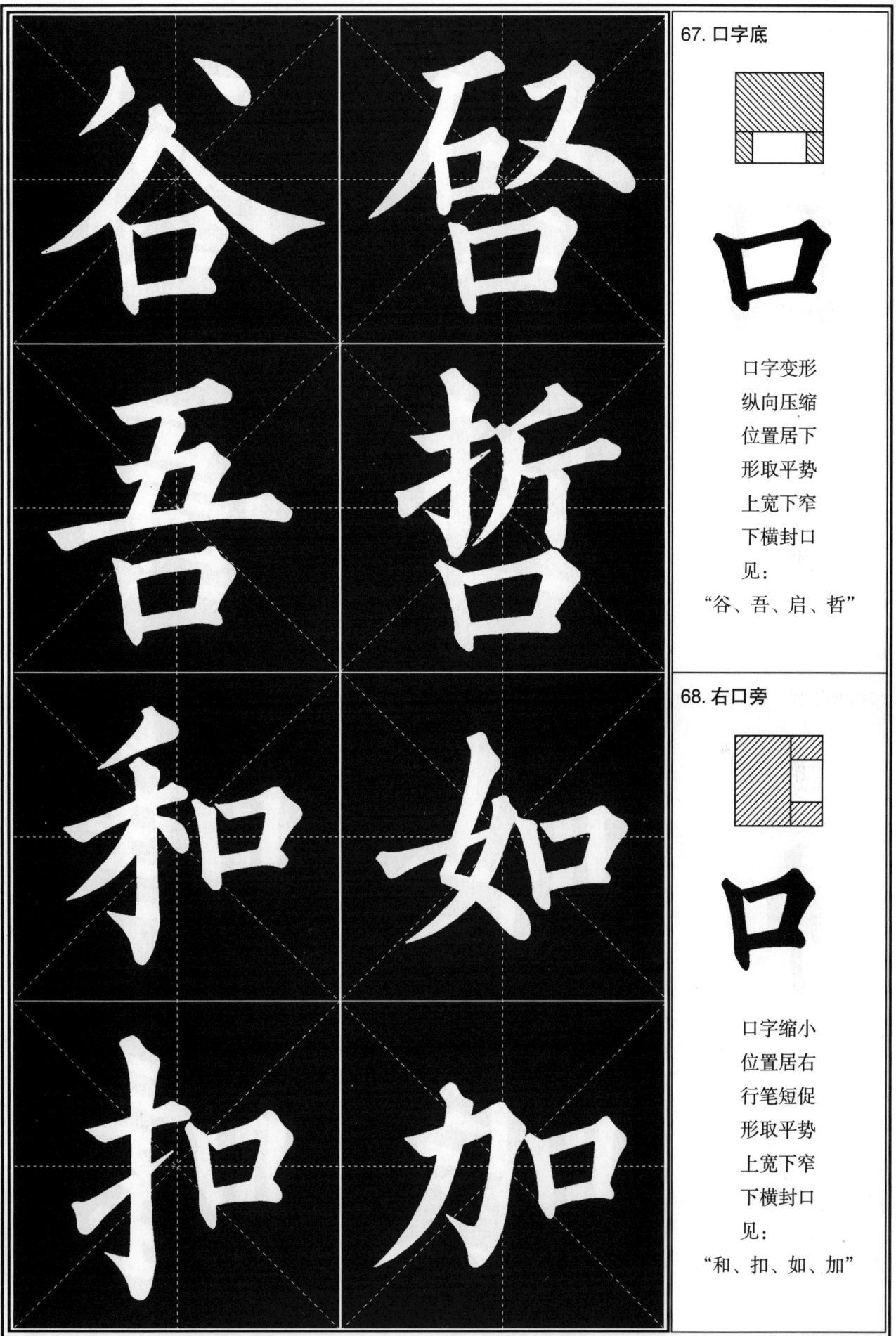

67. 口字底

口字变形
纵向压缩
位置居下
形取平势
上宽下窄
下横封口
见：
"谷、吾、启、哲"

68. 右口旁

口字缩小
位置居右
行笔短促
形取平势
上宽下窄
下横封口
见：
"和、扣、如、加"

口部　巾部

69. 国字框

方框较大
位居四周
整体长方
形取平势
左竖稍短
右边略长
见：
"因、固、国、图"

70. 巾字旁

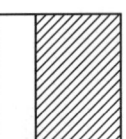

巾字变形
整体宜窄
横画扛肩
竖画平行
中竖直长
宜用垂露
见：
"帖、帐、帷、幄"

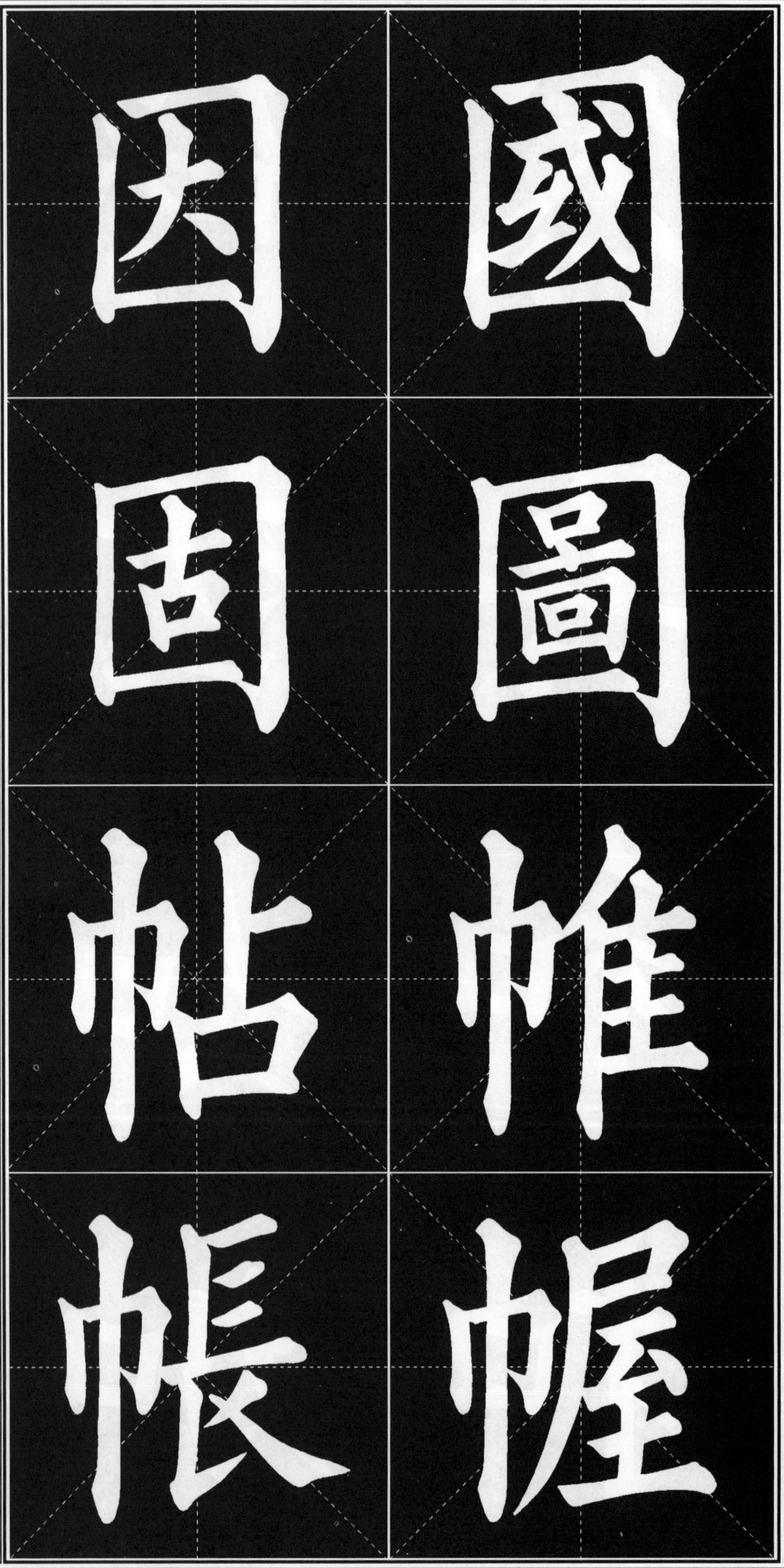

國 因
圖 固
帷 帖
幄 帐

48

巾部

71. 右巾旁

巾

巾字变形
整体宜窄
横画扛肩
竖画垂直
中竖直长
宜用悬针
见：
"归、妇、帅、师"

72. 巾字底

巾

巾字缩小
位置居下
整体形窄
横画扛肩
竖画垂直
中竖直长
见：
"市、帝、常、幕"

山部

73. 山字头

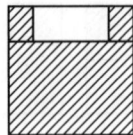

山

山字变形
纵向压缩
位居中上
形取平势
中竖稍长
横笔扛肩
见：
"崟、岸、岂、岳"

74. 山字旁

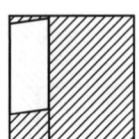

山

山字变形
横向压缩
位居左上
形取斜势
竖画平行
横画扛肩
见：
"峥、崖、峰、岩"

50

山部　彳部

75. 山字底

山

山字变形
纵向压缩
位居中下
形取平势
中竖稍长
上宽下窄
见：
"岙、岔、岳、岱"

76. 双人旁

彳

上撇较短
下撇较长
撇画倾斜
角度不同
撇竖相接
竖用垂露
见：
"得、德、微、街"

彡部

77. 三撇旁

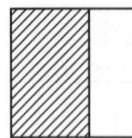

彡

整体形窄
位置居右
上撇略短
末撇伸长
上紧下松
朝向左下
见：
"形、杉、影、彰"

78. 三撇底

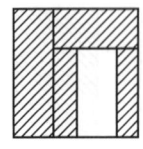

整体形窄
位居右下
上撇稍短
末撇伸展
上紧下松
朝向左下
见：
"珍、涔、修、僇"

犭部　夕部

79. 反犬旁

位置居左
整体瘦长
上撇起高
下撇左伸
形态有别
弯钩对正
见：
"狐、狼、猿、独"

80. 夕字旁

夕字变窄
位置居左
形取斜势
上撇稍短
横撇斜伸
点画靠上
见：
"外、夘、舛、外"

夕部　夂部

81. 夕字底

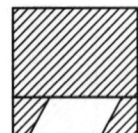

夕字变扁
位置居下
形取斜势
上撇回锋
横撇斜伸
点画靠上
见：
"多、罗、梦、蓼"

82. 折文头

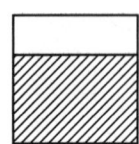

文字变形
纵向压缩
上撇略短
形取平势
上紧下松
右捺伸展
见：
"冬、各、夆、务"

夂部 饣(食)部

83. 折文底

夂

文字变形
整体平势
上窄下宽
上紧下松
撇画参差
捺画伸展
见：
"变、夌、夏、忧"

84. 食字旁

食

食字变窄
位置居左
短横扛肩
整体斜势
撇不过长
捺收为点
见：
"饮、饱、馋、饥"

广部 忄部

85. 广字头

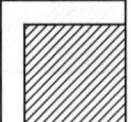

广字放大
左上包围
首点居中
横画扛肩
横短撇长
撇画劲挺
见：
"度、底、广、庆"

86. 竖心旁

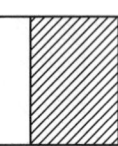

位置居左
整体瘦长
两点呼应
左低右高
竖用垂露
竖直劲挺
见：
"情、惜、惟、慨"

忄(小)部　门(門)部

87. 竖心底

小

心字变形
整体宽扁
位置居下
竖钩稍短
点画呼应
形态不一
见：
"慕、忝、恭、添"

88. 门字框

门

门字放大
整体方长
三面包围
上紧下松
左短右长
基本对称
见：
"问、闲、阁、关"

尸部　巳部

93. 尸字头

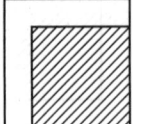

尸字放大
左上包围
横轻竖重
竖画内斜
横画扛肩
撇画舒展
见：
"居、屈、展、属"

94. 巳字底、巳字头

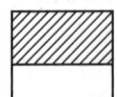 

位置居下
形取平势
横折紧凑
钩画舒展
上紧下松
左紧右松
见：
"包、巷、异、导"

弓部　子部

95. 弓字旁

弓

弓字变形
左右压缩
整体窄长
形取斜势
横画扛肩
转折有力
见：
"引、弱、张、弼"

96. 子字旁

子

子字变形
横画变挑
整体窄长
形取斜势
曲折有致
重心不倒
见：
"抱、孙、孔、孜"

子部　屮部

97. 子字底

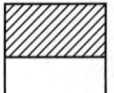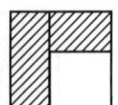

子字变小
位居下部
横画扛肩
形取平势
曲折有致
重心不倒
见：
"字、学、蜉、浮"

98. 屮字头、屮字旁

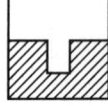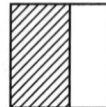

屮字变形
字头较扁
字旁较长
左右对称
短竖内斜
中竖直长
见：
"蛍、时、出、草"

99. 女字旁

女

女字变形
整体宜窄
横画变挑
右不出头
形取斜势
斜中求稳
见：
"妙、始、妇、妍"

100. 女字底

女

女字变形
纵向压缩
横画扛肩
形取平势
撇短横长
平中求稳
见：
"要、安、姿、宴"

101. 绞丝旁

糸

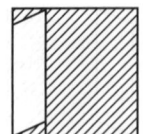

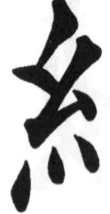

位置居左
整体瘦长
上紧下松
形取斜势
撇折对正
点尖朝上
见：
“纯、绪、绩、维”

102. 马字旁

馬

马字变形
左右压缩
横画扛肩
横距相等
四点均匀
由低到高
见：
“骏、驿、骕、骥”

純 緒 績 維

駿 驛 驌 驥

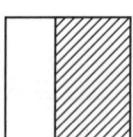

马（馬）部　幺部

103. 马字底

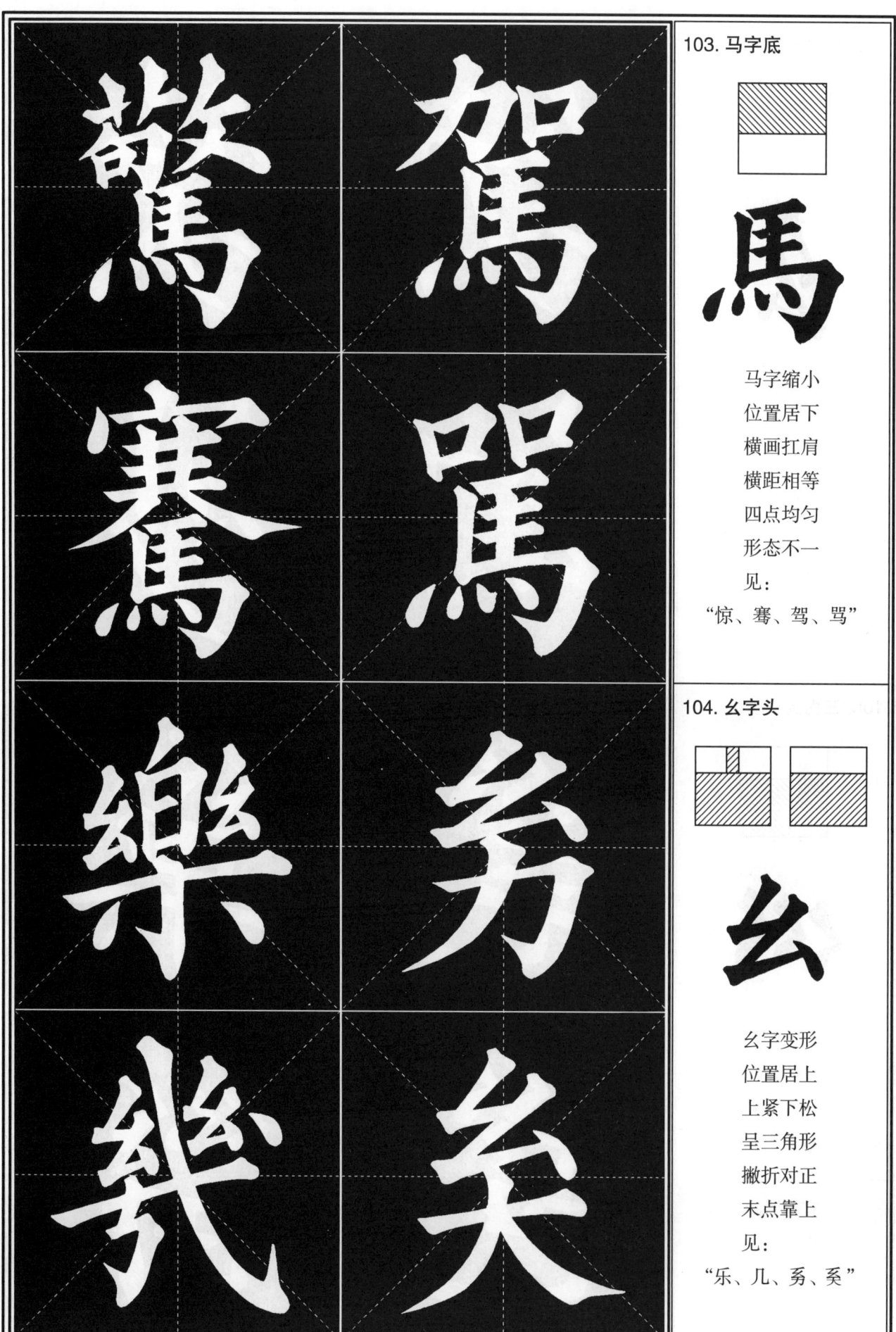

馬

马字缩小
位置居下
横画扛肩
横距相等
四点均匀
形态不一
见：
"惊、骞、驾、骂"

104. 幺字头

幺

幺字变形
位置居上
上紧下松
呈三角形
撇折对正
末点靠上
见：
"乐、几、刍、矣"

幺部　巛部

105. 幺字旁

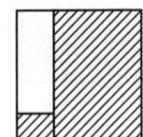

幺字变窄
位居左上
上紧下松
似三角形
撇折对正
末点靠上
见：
"幼、幻、欸、妙"

106. 三拐头

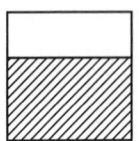

位置居上
整体宽扁
形取平势
撇点相对
三组并列
宜写紧凑
见：
"毟、邕、巢、甾"

王部

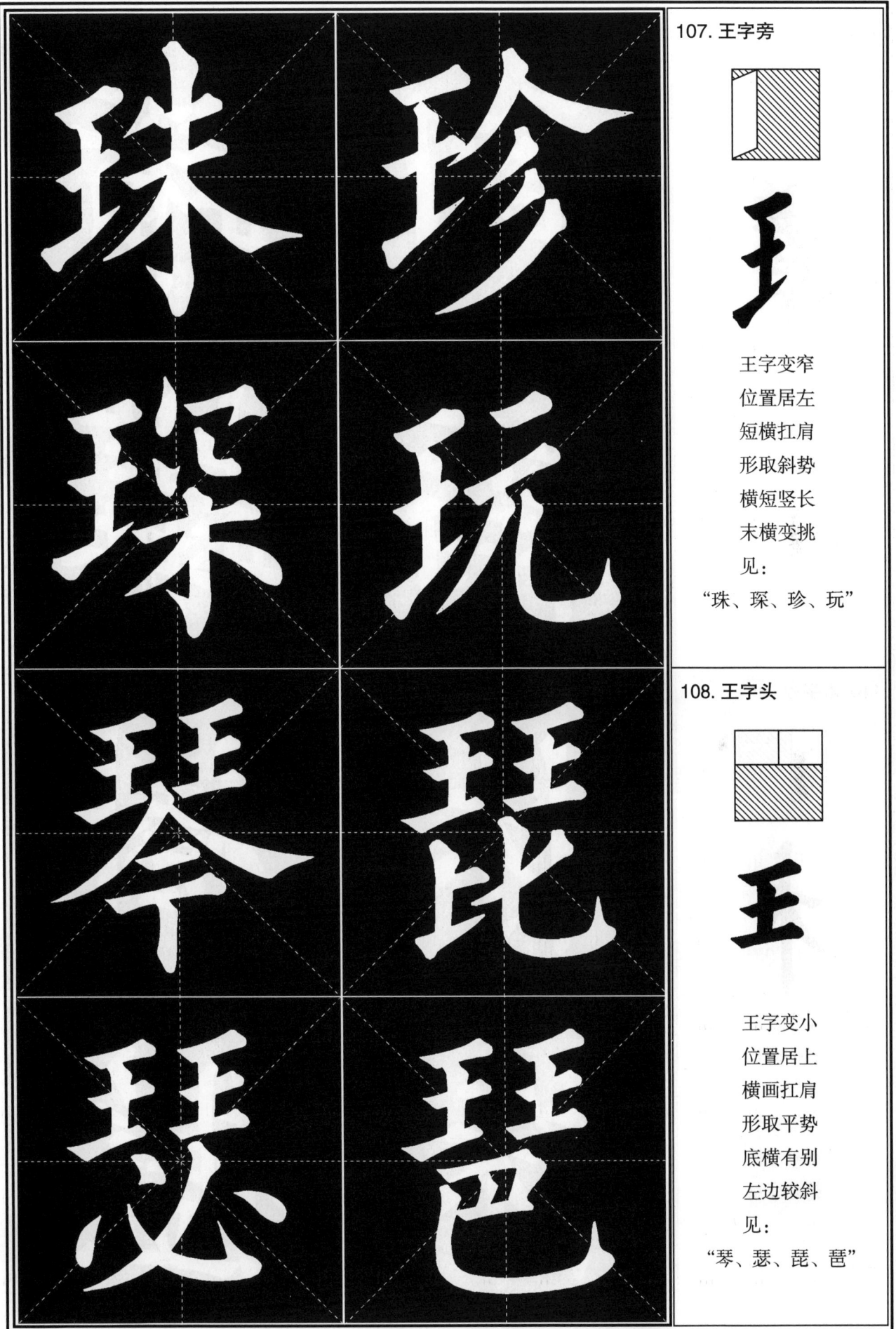

107. 王字旁

王

王字变窄
位置居左
短横扛肩
形取斜势
横短竖长
末横变挑
见：
"珠、琛、珍、玩"

108. 王字头

王

王字变小
位置居上
横画扛肩
形取平势
底横有别
左边较斜
见：
"琴、瑟、琵、琶"

韦(韋)部　木部

109. 韦字旁

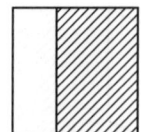

韋

韦字变形
整体瘦长
位置居左
横画扛肩
横短平行
中竖直对
见：
"韧、韬、韝、韝"

110. 木字旁

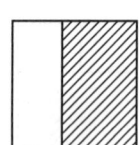

木字变形
整体瘦长
位置居左
横短扛肩
撇画左伸
捺画变点
见：
"林、株、树、槛"

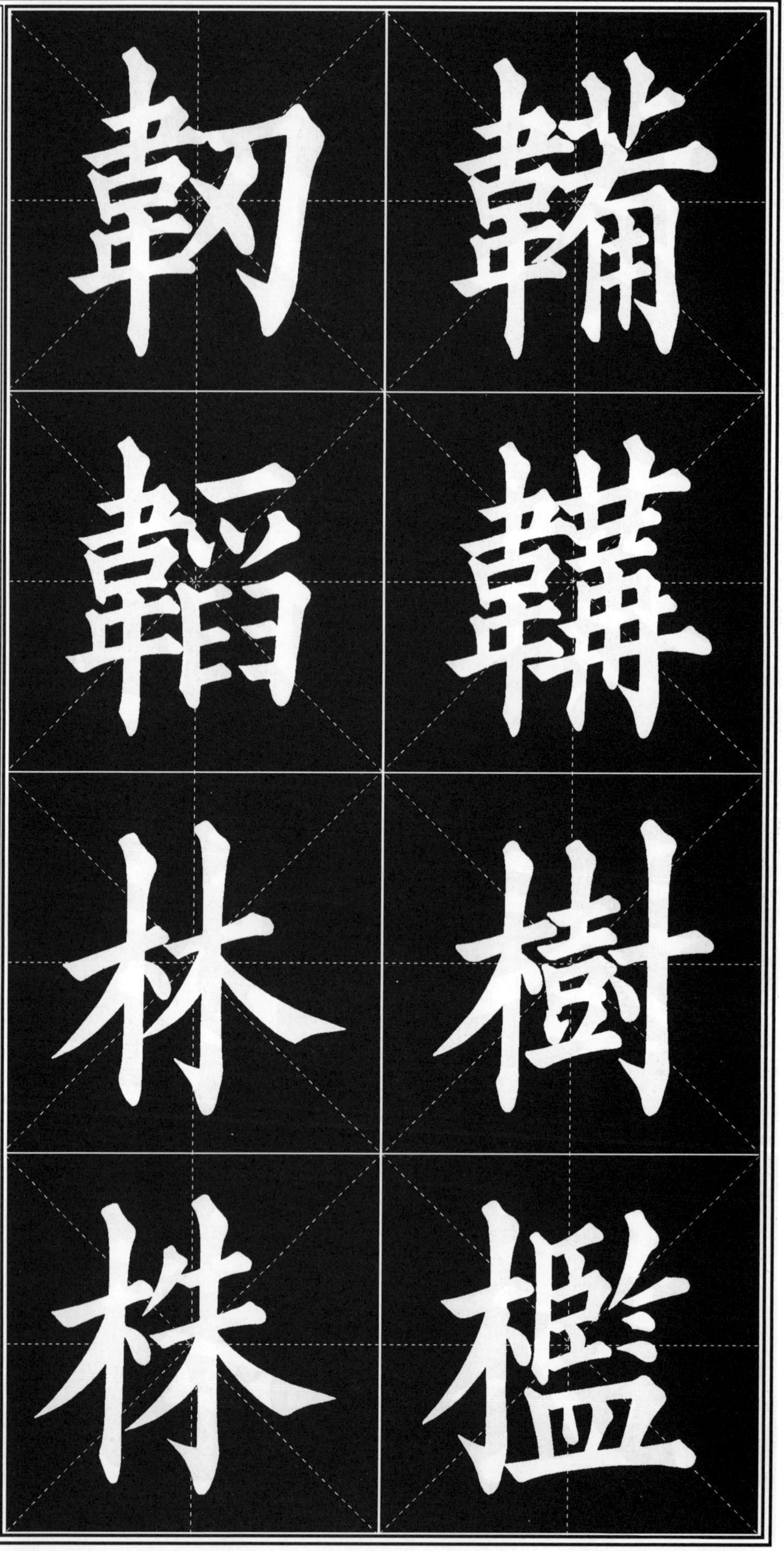

木部

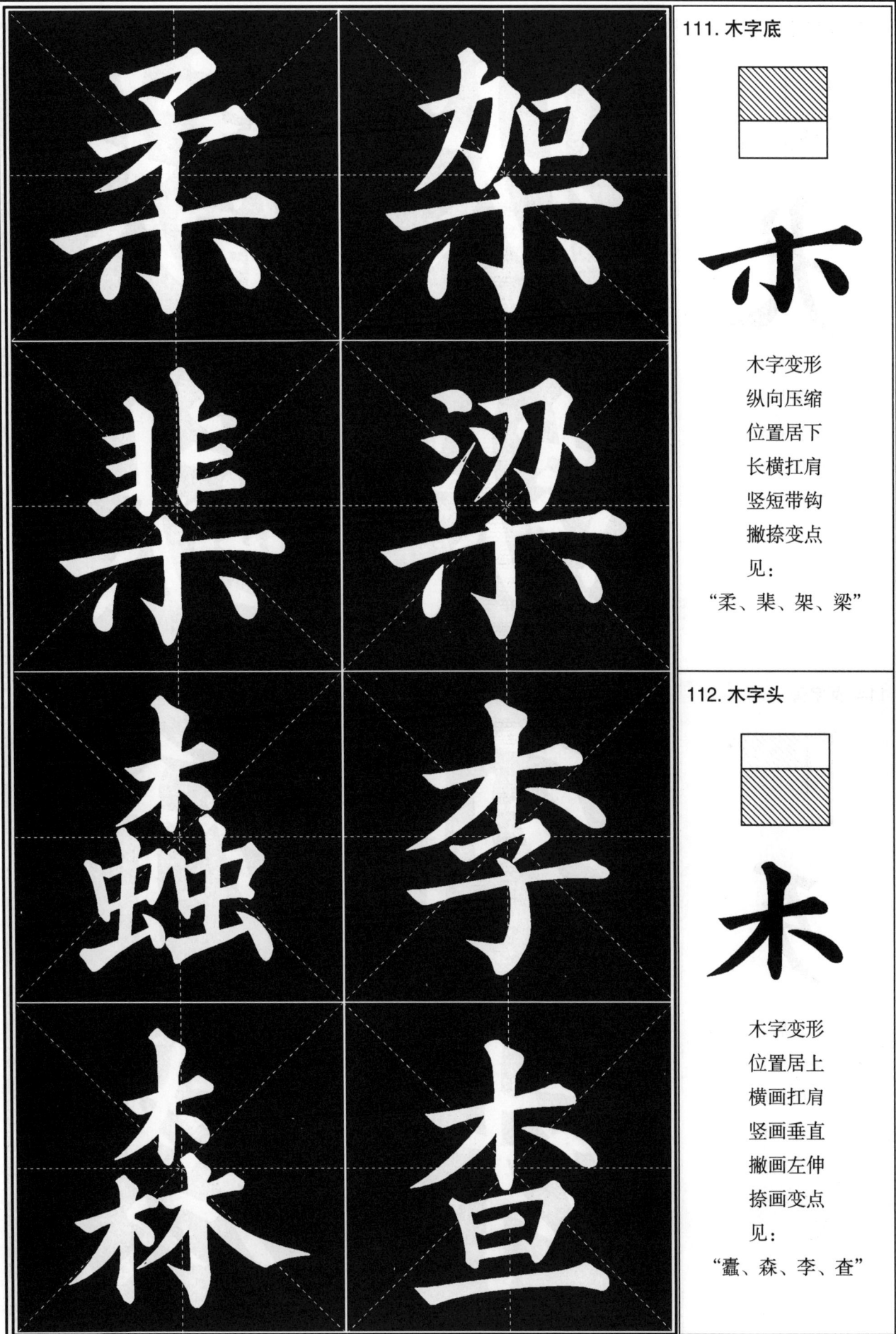

111. 木字底

木字变形
纵向压缩
位置居下
长横扛肩
竖短带钩
撇捺变点
见：
"柔、棐、架、梁"

112. 木字头

木字变形
位置居上
横画扛肩
竖画垂直
撇画左伸
捺画变点
见：
"蠹、森、李、查"

113. 犬字旁

犬

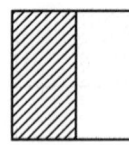

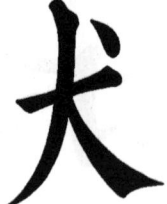

犬字变窄
位置居右
短横扛肩
竖撇劲挺
捺画伸展
上点靠拢
见：
“状、呆、献、猷”

114. 歹字旁

歹

位置居左
整体瘦长
短横扛肩
点画变挑
形取斜势
斜中求稳
见：
“列、殊、歼、残”

状　獻
獃　猷
列　歼
殊　殘

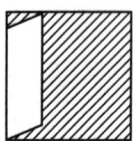

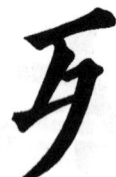

车(車)部

115. 车字底

车字变形
位置居下
横画扛肩
底横伸展
中竖垂直
宜用悬针
见：
"军、晕、辈、辇"

116. 车字旁

车字变窄
位置居左
横画扛肩
底横左探
中竖垂直
须用垂露
见：
"辐、轲、辑、辅"

戈部

117. 戈字框

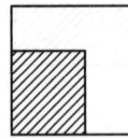

戈字变形
右上包围
横画扛肩
戈钩微弯
撇画靠上
上点靠右
见：
"或、我、截、载"

118. 戈字旁

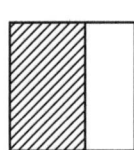

戈字变形
整体形窄
短横扛肩
戈钩微弯
撇画靠上
上点靠拢
见：
"战、戗、戮、戟"

比部　瓦部

119. 比字头、比字底

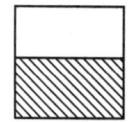 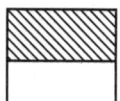

比

比字变形
整体宽扁
横画扛肩
竖画垂直
左小右大
左低右高
见：
"皆、毖、昆、琵"

120. 瓦字旁

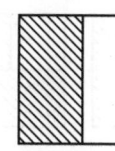

瓦

瓦字变窄
位置居右
横画扛肩
竖钩挺直
右钩舒展
中点靠上
见：
"瓴、瓶、瓯、瓢"

73

瓦部　止部

121. 瓦字底

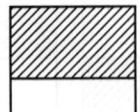

瓦

瓦字变形
形取平势
位置居下
横稍扛肩
竖挑挺直
右钩舒展
见：
"瓷、瓬、甖、甓"

122. 止字旁

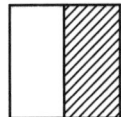 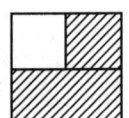

止字变形
整体稍窄
右竖稍长
左竖内斜
上横扛肩
下横变挑
见：
"此、歧、些、眥"

止部

123. 止字头

止字变形
位置居上
右竖稍长
左竖内斜
上横扛肩
下横伸展
见：
"步、岁、肯、齿"

124. 止字底

止字变形
位置居下
右竖稍长
左竖内斜
上横扛肩
底横伸展
见：
"芷、罡、銮、歪"

攴部　日部

125. 攴字旁

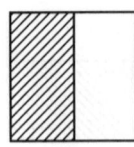

支字变形
整体略窄
短横扛肩
撇取纵势
捺画伸展
上紧下松
见：
"叙、鼓、驱、杜"

126. 日字旁

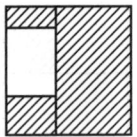

日字变窄
位置居左
左竖略短
右竖稍长
横画扛肩
末横变挑
见：
"明、晴、旺、时"

日部

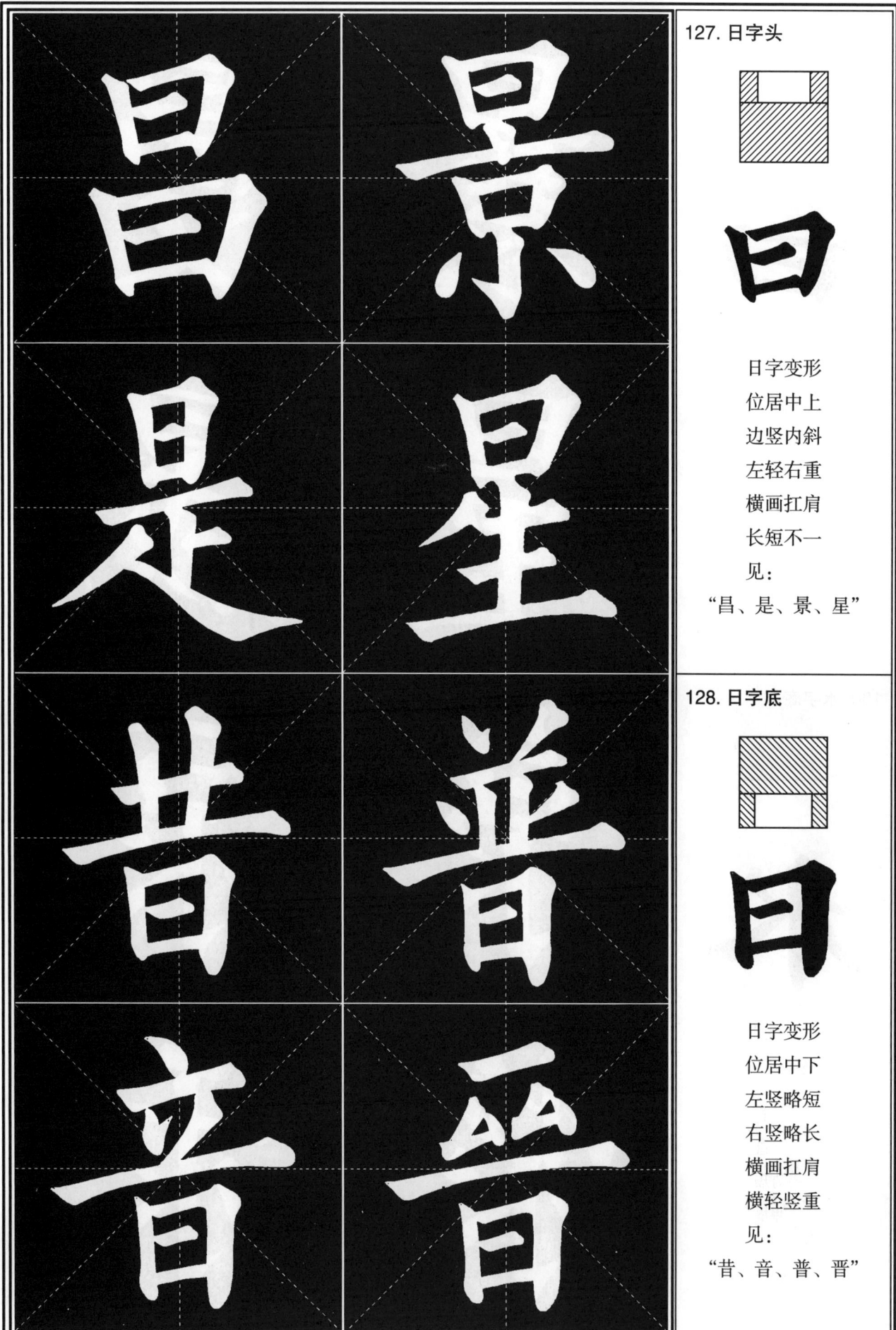

127. 日字头

日

日字变形
位居中上
边竖内斜
左轻右重
横画扛肩
长短不一
见：
"昌、是、景、星"

128. 日字底

日

日字变形
位居中下
左竖略短
右竖略长
横画扛肩
横轻竖重
见：
"昔、音、普、晋"

曰部　水部

129. 曰字头

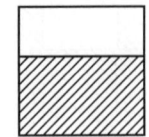

曰字变形
位置居上
边竖内斜
左轻右重
横画扛肩
长短不一
见：
"曩、量、曼、晟"

130. 水字底

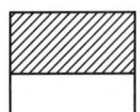

水字变形
整体宽扁
位置居下
竖钩正直
横撇稍短
捺画伸展
见：
"泉、浆、泵、汞"

78

水(氺)部　贝(貝)部

131. 小水底

氺

水字变形
位置居下
竖钩正直
四点相对
互相呼应
上紧下松
见：
"黍、泰、黎、滕"

132. 贝字旁

貝

贝字变窄
位置居左
横画扛肩
底横左探
短撇左伸
末点靠上
见：
"则、赋、赐、财"

贝(貝)部　见(見)部

133. 贝字底

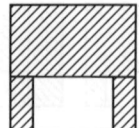

貝

贝字变形
位居中下
横稍扛肩
底横左探
短撇左伸
末点稍低
见：
"贤、质、资、贵"

134. 见字旁

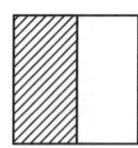

见字变窄
位置居右
横画扛肩
底横左探
短撇稍纵
钩画舒展
见：
"现、亲、观、觀"

见(見)部　牛部

135. 见字底

见字变形
整体宽扁
位置居下
横稍扛肩
短撇稍纵
钩画舒展
见：
"觅、觅、览、觉"

136. 牛字旁

牛字变形
位置居左
首撇较短
短横扛肩
竖钩伸长
末横变挑
见：
"牡、物、特、犊"

81

牛部　手部

137. 牛字底

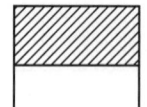

牛

牛字变扁
位置居下
首撇较短
下横较长
竖用悬针
或用垂露
见：
"牟、犁、牵、荦"

138. 手字底

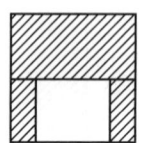

手

手字变形
位居中下
首撇短平
横画扛肩
末横较长
钩画中撑
见：
"拿、拳、击、掌"

牟　牵

犁　荦

奴　击
攀　手
　　掌
拳

毛部

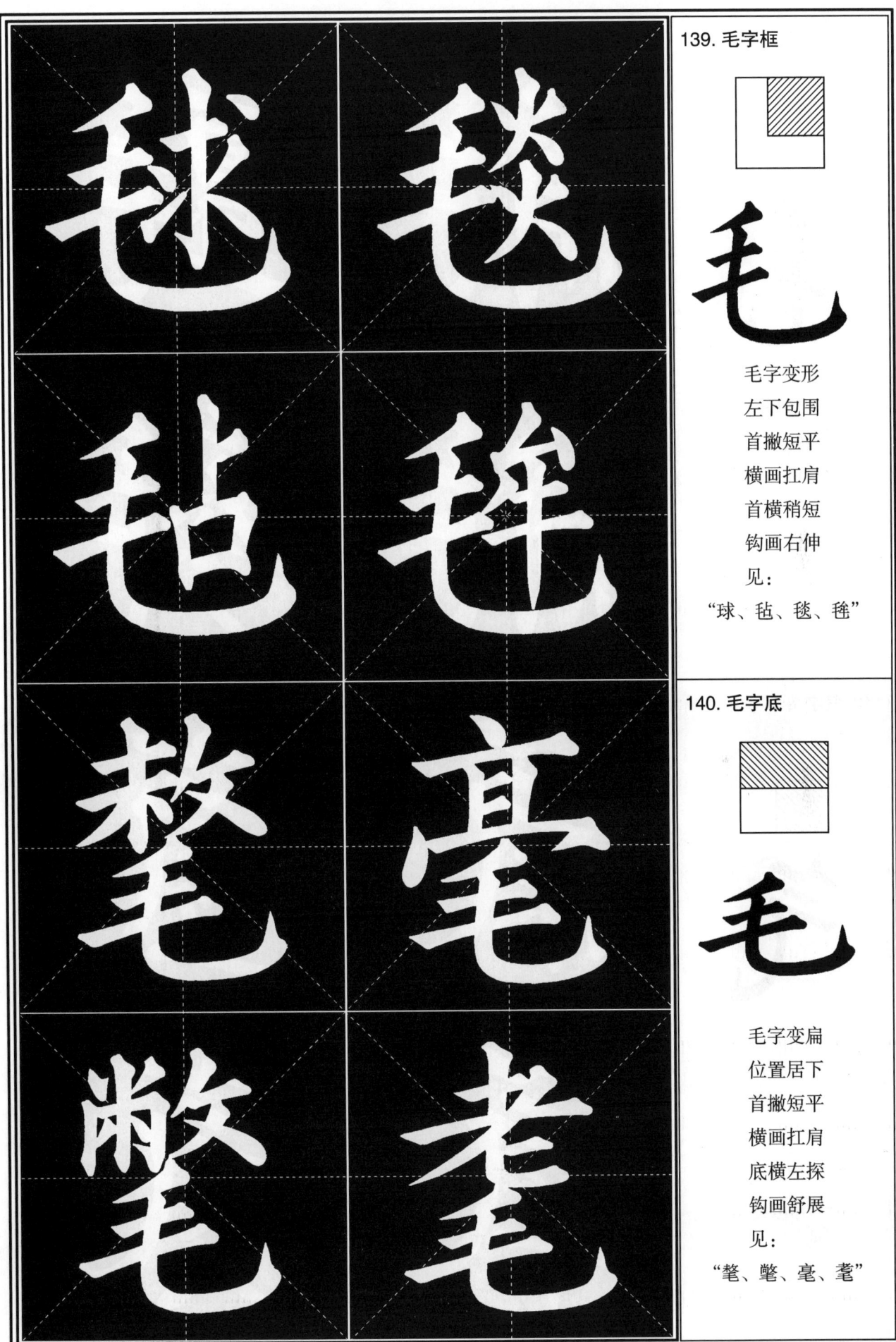

139. 毛字框

毛字变形
左下包围
首撇短平
横画扛肩
首横稍短
钩画右伸
见：
"球、毡、毯、毽"

140. 毛字底

毛字变扁
位置居下
首撇短平
横画扛肩
底横左探
钩画舒展
见：
"氅、氆、毫、毪"

毛部　气部

141. 毛字旁

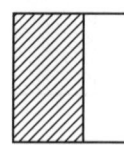

毛字变形
位置居右
首撇短平
横画扛肩
底横稍长
钩画舒展
见：
"酕、飥、毡、毺"

142. 气字头

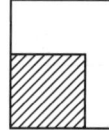

气字变大
右上包围
首撇短平
横画扛肩
两横宜短
钩画舒展
见：
"气、氧、氩、氮"

攵部　片部

143. 反文旁

文字变形
整体略窄
位置居右
短横扛肩
撇取纵势
捺画伸展
见：
"改、敢、致、教"

144. 片字旁

片字变形
整体瘦长
位置居左
撇取纵势
短横扛肩
竖画对正
见：
"牍、版、牌、笺"

斤部 爫部

145. 斤字旁

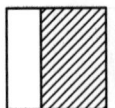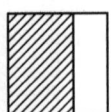

斤字变形
整体瘦长
上撇短平
竖撇直挺
短横扛肩
竖用垂露
见：
"欣、颀、新、斯"

146. 爫字头

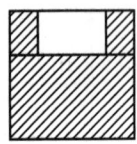

爪字变形
位置居上
首撇短平
下面稍宽
中点略小
外点内斜
见：
"受、爱、爱、采"

父部　月部

147. 父字头

父字变形
整体宽扁
撇点分开
相互呼应
撇捺相交
上紧下松
见：
"爷、爹、斧、釜"

148. 月字旁

月字变形
整体瘦长
位置居左
横画扛肩
撇画劲挺
钩画有力
见：
"朕、腾、胜、肝"

月(月)部 欠部

149. 月字底

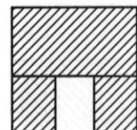

月字变形
整体形窄
横画扛肩
形取平势
撇画变竖
钩画有力
见：
"青、骨、臂、膺"

150. 欠字旁

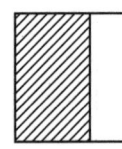

欠字变形
位置居右
撇取纵势
折笔紧凑
捺笔伸展
或为反捺
见：
"饮、欢、欲、歌"

风(風)部

151. 风字旁

风字变形
位置居右
撇取纵势
钩画舒展
短横扛肩
虫部紧凑
见：
"飈、飒、飘、飙"

152. 风字框

风字变形
左下托上
撇取纵势
钩画右伸
短横扛肩
虫部靠上
见：
"台、飓、飚、刮"

殳部　文部

153. 殳字旁

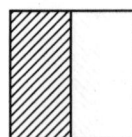

殳

殳字变窄
位置居右
首撇回锋
折弯紧凑
横撇稍纵
捺画伸展
见：
"设、殴、毅、殿"

154. 文字头

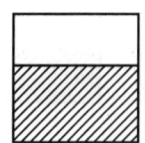

文

文字变形
纵向压缩
点居中上
横画扛肩
上紧下松
撇捺伸展
见：

"吝、斋、紊、学"

文部　方部

155. 文字旁

文

文字变窄
形取斜势
点居中上
短横扛肩
撇取纵势
捺画变点
见：
"斈、斓、斌、观"

156. 方字旁

方

方字变窄
形取斜势
首点高起
横画扛肩
点钩对正
重心平稳
见：
"旌、旗、旅、施"

火部

157. 火字旁

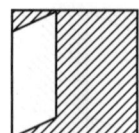

火字变形
整体宜窄
点画相揖
形取斜势
直撇劲挺
捺画变点
见：
"灼、炒、烟、焙"

158. 火字底

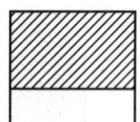

火字变形
纵向压缩
右点稍高
形取平势
撇捺伸展
上紧下松
见：
"炎、炱、灸、烫"

斗部　户部

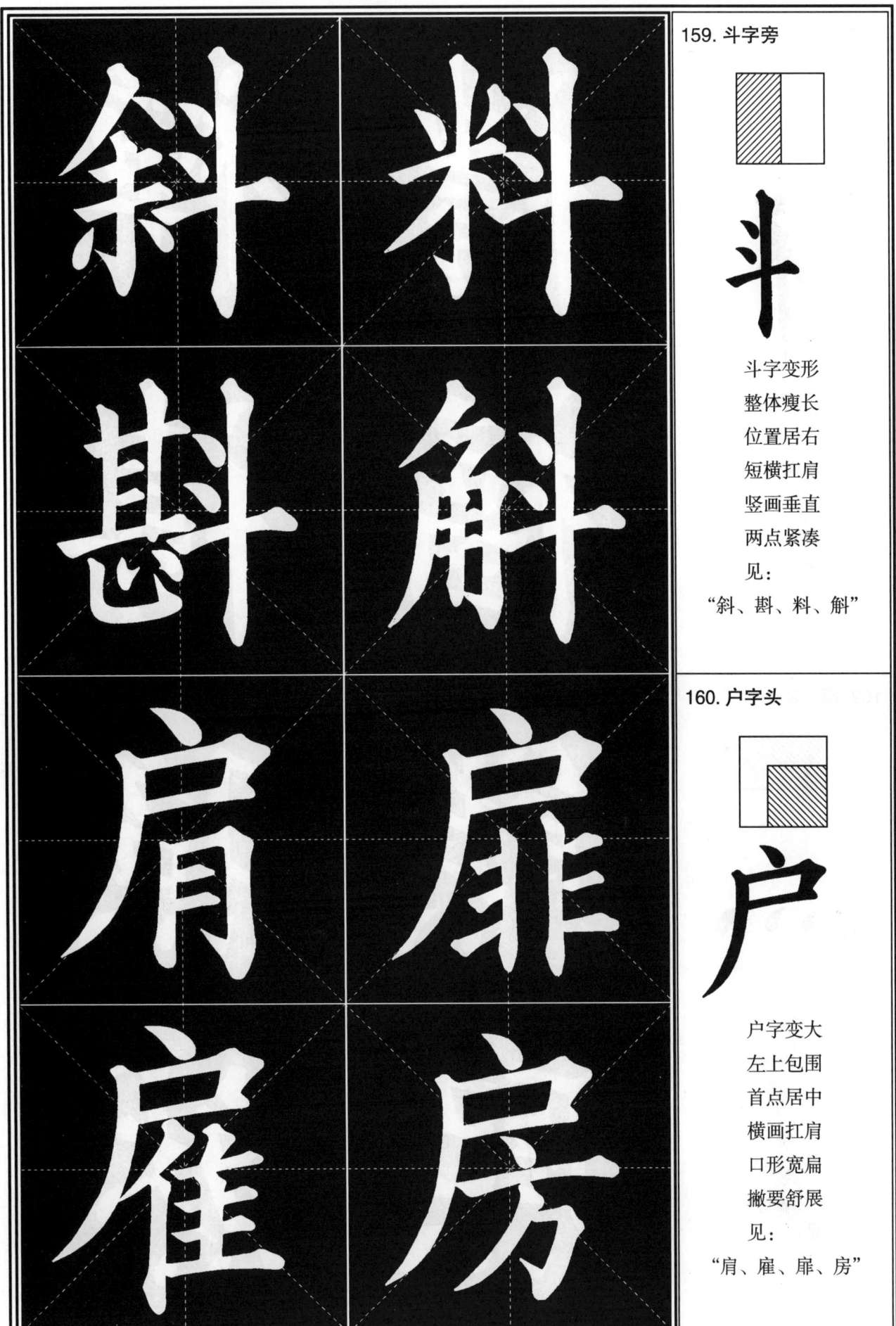

159. 斗字旁

斗

斗字变形
整体瘦长
位置居右
短横扛肩
竖画垂直
两点紧凑
见：
"斜、斟、料、斛"

160. 户字头

户

户字变大
左上包围
首点居中
横画扛肩
口形宽扁
撇要舒展
见：
"肩、雇、扉、房"

礻部　灬部

161. 示字旁

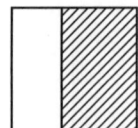

示字变形
位置居左
横画扛肩
横撇连写
上点偏右
点竖直对
见：
"礼、福、禅、禧"

162. 四点底

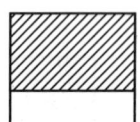

位置居下
整体平势
排列均匀
点尖朝上
外点较大
中点略小
见：
"熊、熙、照、然"

禪　禮
禧　福
照　熊
然　熙

心部 聿(⾩)部

163. 心字底

心

心字变形
整体宽扁
斜中求稳
卧钩靠右
三点呼应
左低右高
见：
"思、恩、意、应"

164. 聿头、⾩头

聿 ⾩

位置居上
横画扛肩
粗细均匀
间距一致
中横较长
中竖正直
见：
"肃、画、书、昼"

聿(聿)部　爿部

165. 聿字旁

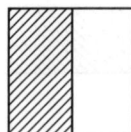

聿字变形
整体略窄
横画扛肩
粗细均匀
横短竖长
竖用悬针
见：
"津、肆、律、肄"

166. 爿字旁

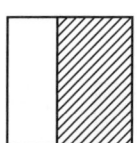

爿字变窄
位置居左
长竖垂直
竖折紧凑
短横扛肩
短撇稍纵
见：
"壮、将、妆、墙"

167. 母字底

母字变扁
形取平势
位置居下
横稍扛肩
折钩内斜
两点对正
见：
"莓、毐、每、毒"

168. 母字旁

母字变窄
形取斜势
位置居左
横画扛肩
折钩内斜
两点对正
见：
"䏚、毈、毓、毑"

示部　石部

169. 示字底

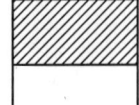

示字变扁
位置居下
横稍扛肩
下横要长
竖钩稍粗
两点对称
见：
"禁、票、佘、柰"

170. 石字旁

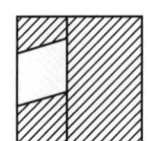

石字变形
整体形窄
位居左上
形取斜势
横短撇长
口部略小
见：
"研、朱、矿、礴"

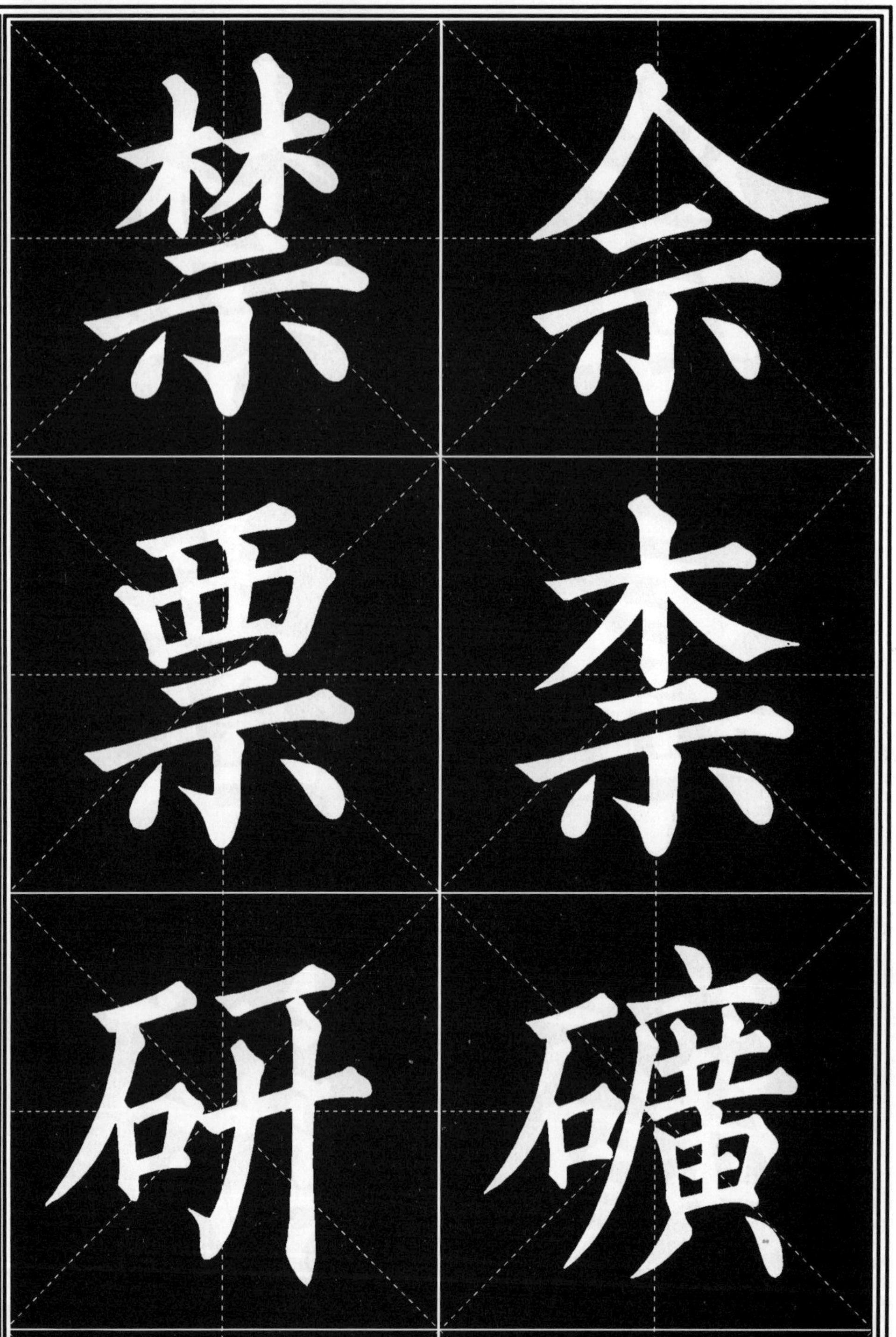

98

石部　龙(龍)部

171. 石字底

石字变形
纵向压缩
位置居下
形取平势
横短撇长
口部宽扁
见：
"磬、磐、碧、磨"

172. 龙字头

龙字变形
纵向压缩
位置居上
横画扛肩
竖画垂直
上紧下松
见：
"垄、砻、龚、袭"

业部　目部

173. 业字头

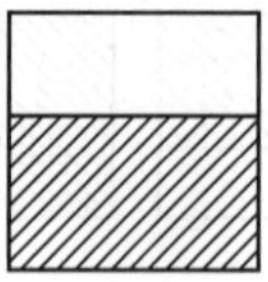

业字变扁
位置居上
竖画内斜
长横扛肩
点撇呼应
左低右高
见：
"业、凿、肃、丛"

174. 目字旁

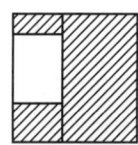

目字变形
位置居左
竖画垂直
横画扛肩
横画等距
末横左探
见：
"睛、瞬、瞻、瞩"

目部　田部

175. 目字底

目字变形
位置居下
竖画垂直
左短右长
短横扛肩
间距相等
见：
"眦、督、着、眷"

176. 田字旁

田字缩小
位居左上
行笔短促
形取斜势
上宽下窄
末横封口
见：
"町、畛、畔、略"

田部

177. 田字头

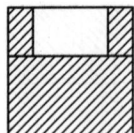

田字变形
纵向压缩
位居中上
形取平势
上宽下窄
末横封口
见：
"累、畏、异、毕"

178. 田字底

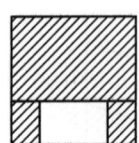

田字变形
纵向压缩
位居中下
形取平势
上宽下窄
末横封口
见：
"留、畲、当、蕃"

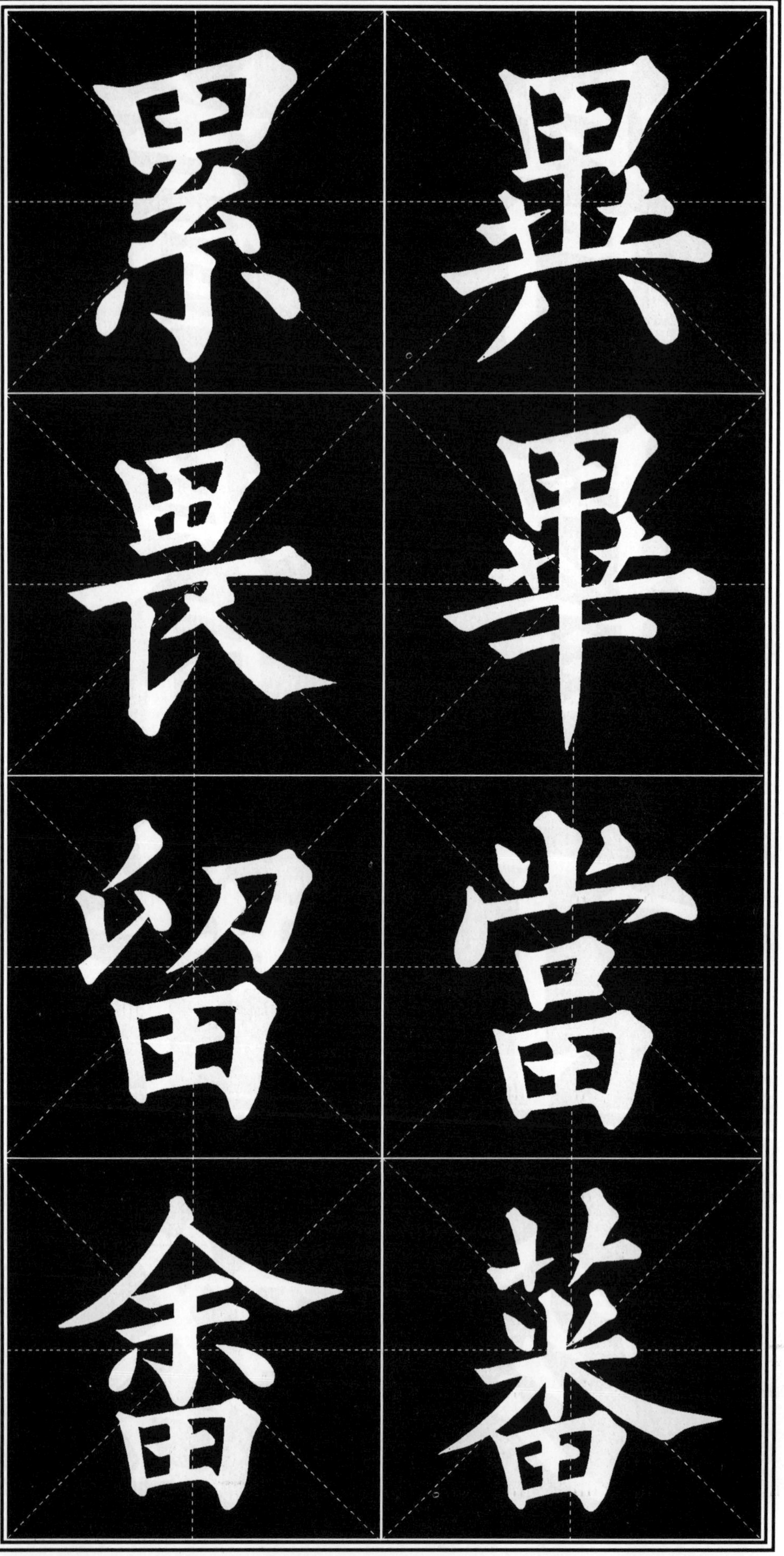

罒部　皿部

179. 四字头

四字变形
位置居上
整体宽扁
竖画等距
边竖内斜
上宽下窄
见：
"置、买、罡、罪"

180. 皿字底

皿字变形
整体宽扁
短竖内斜
间距一致
底横较长
以托其上
见：
"盂、益、监、盖"

钅(金)部　矢部

181. 金字旁

金

金字变形
横向压缩
位置居左
形取斜势
捺收为点
横画扛肩
见：
"钢、针、钩、铭"

182. 矢字旁

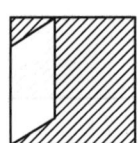

矢

矢字变形
左右压缩
横画扛肩
整体斜势
下横左伸
捺画变点
见：
"雉、矩、矱、矮"

104

禾部

183. 禾字旁

禾字变形
横向压缩
上撇平短
形取斜势
横画扛肩
末捺变点
见：
"秋、利、移、稻"

184. 禾字头

禾字变形
纵向压缩
上撇平短
形取平势
下撇左伸
末捺变点
见：
"香、秀、季、委"

105

白部

185. 白字旁

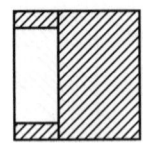

白字变窄
位置居左
撇画较短
竖画垂直
横画扛肩
间距一致
见：
"皓、的、皑、皈"

186. 白字头

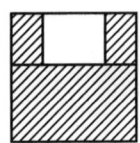

位居中上
整体紧凑
撇画短小
竖画内斜
横画扛肩
中横靠左
见：
"皇、兜、帛、泉"

用部 戊部

187. 用字底

用

用字变形
位置居下
横画扛肩
横轻竖重
左撇变竖
左短右长
见：
"甬、甪、甫、甯"

188. 戊字框

戊

三面包围
上窄下宽
左撇微弯
斜钩伸展
上点靠右
右撇靠上
见：
"咸、成、戌、盛"

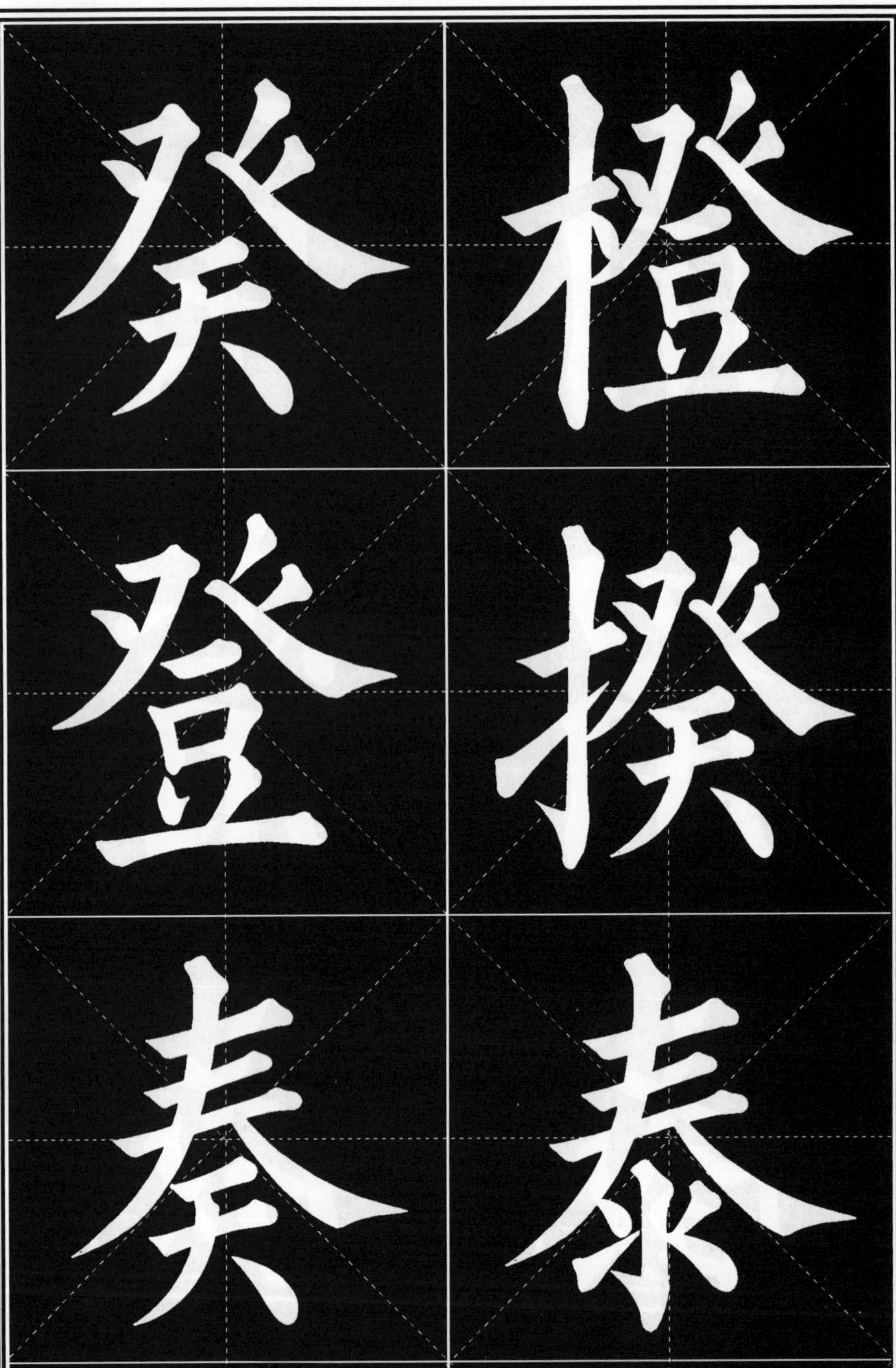

189. 登字头

 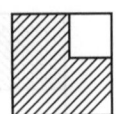

位置居上
上窄下宽
横撇稍纵
捺画伸展
左右呼应
上紧下松
见：
"癸、登、橙、揆"

190. 春字头

位置居上
形取平势
横画扛肩
下横稍长
撇画纵展
捺画伸长
见：
"奏、春、泰、奉"

瓜部　鸟(鳥)部

191. 瓜字旁

瓜

瓜字变窄
位置居右
首撇稍短
左撇稍纵
竖挑紧凑
捺画舒展
见：
"瓢、觚、瓤、瓠"

192. 鸟字旁

鳥

鸟字变形
整体略窄
首撇高扬
横画等距
四点并列
略向左伸
见：
"鸣、鸠、鹖、鸿"

109

广部　立部

193. 病字头

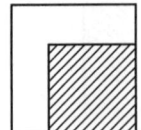

左上包围
首点居中
横轻撇重
撇长舒展
点挑靠拢
相互呼应
见：
"痕、疼、痊、瘠"

194. 立字旁

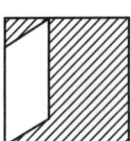

立字变窄
整体斜势
位置居左
首点偏右
短横扛肩
末横变挑
见：
"靖、站、竭、竦"

立部　穴部

195. 立字头

立字变形
整体宽扁
位置居上
首点居中
横画扛肩
末横伸展
见：
"音、童、章、意"

196. 穴宝盖

首点居中
横画扛肩
左点垂下
右钩朝内
内部撇点
向上紧靠
见：
"窈、窕、空、穷"

111

礻部　疋部

197. 衣字旁

衣字变形
位置居左
横画扛肩
横撇连写
上点偏右
点竖直对
见：
"初、被、补、祎"

198. 疋字底

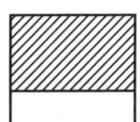

位置居下
整体宽扁
横钩扛肩
上部紧凑
短撇稍纵
斜捺伸展
见：
"楚、楚、毚、壁"

疋部　皮部

199. 疋字头

位置居上
整体宽扁
横钩扛肩
上紧下松
撇画短平
捺画伸展
见：
"疍、盉、胥、蛋"

200. 皮字旁

皮字变形
整体瘦长
竖画高起
横钩扛肩
撇取纵势
左旁反捺
见：
"颇、疱、皱、皴"

矛部

201. 矛字旁

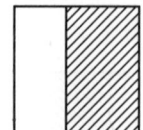

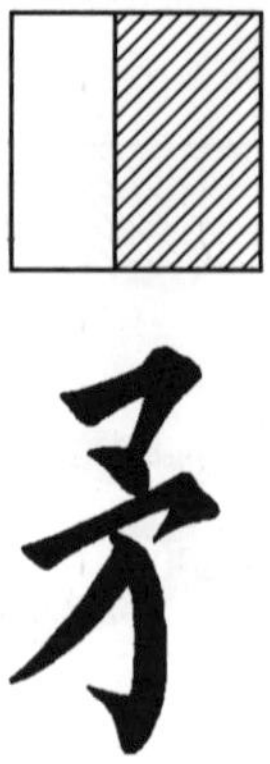

矛字变窄
位置居左
折画紧凑
弯钩对正
撇画稍纵
上紧下松
见：
"务、穳、粮、独"

202. 矛字头

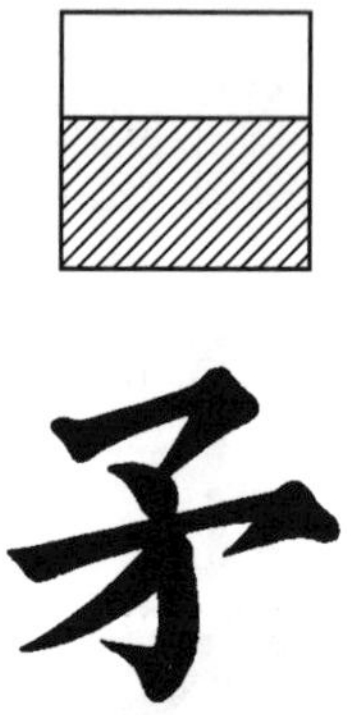

矛字变扁
形取平势
位置居上
折画紧凑
弯钩对正
上紧下松
见：
"柔、蝥、矞、蚤"

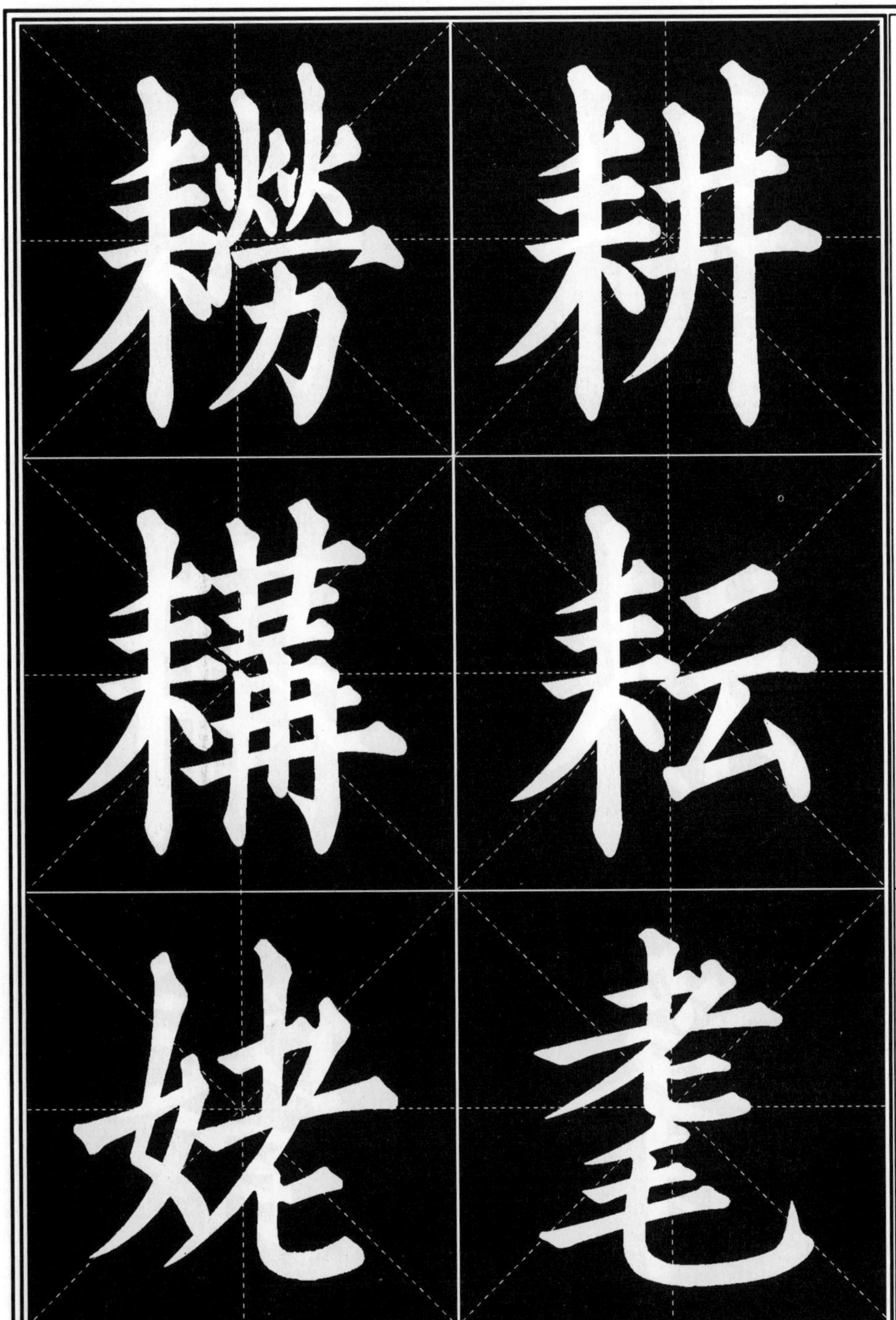

耒部　老部

203. 耒字旁

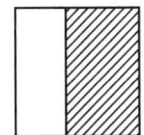

耒字变形
位置居左
横画扛肩
左撇稍纵
竖画正直
捺画变点
见：
"耢、構、耕、耘"

204. 老字旁、老字头

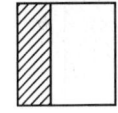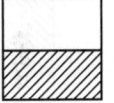

老字变形
居右变窄
居上变扁
横画扛肩
撇画左伸
竖弯紧凑
见：
"姥、佬、耄、鳌"

耳部

205. 耳字旁

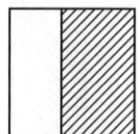

耳

耳字变形
整体宜窄
横画扛肩
末横变挑
竖画垂直
末竖垂露
见：
"耶、耿、聆、聸"

206. 耳字底

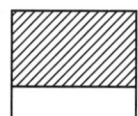

耳

耳字变形
纵向压缩
形取平势
末横变挑
竖画垂直
末竖垂露
见：
"声、聲、耸、聋"

臣部　覀部

207. 臣字旁

臣字变形
整体宜窄
横画扛肩
间距相等
左竖伸长
中竖对正
见：
"监、竖、卧、临"

208. 覀字头

西字变形
整体宽扁
位居中上
横画扛肩
首横稍短
短竖匀称
见：
"粟、覃、要、粟"

页部　虍部

209. 页字旁

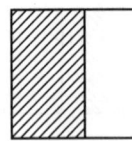

頁

页字变形
位置居右
横画扛肩
底横左探
短撇左伸
末点稍低
见：
"预、头、颜、显"

210. 虍字头

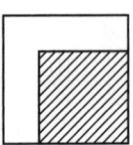

虎头变形
左上包围
上部稍小
横钩扛肩
长撇左伸
七部靠上
见：
"虎、房、处、虚"

118

虍(虎)部　虫部

211. 虎字旁

虎

虎字变形
位置居右
上部稍小
长撇左伸
七部靠上
几部舒展
见：
"唬、虖、號、号"

212. 虫字旁

虫

虫字变形
左右压缩
横画扛肩
整体斜势
挑画左伸
末点靠上
见：
"虹、蛀、蜉、蝦"

虫部　缶部

213. 虫字底

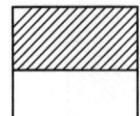

虫

虫字变形
纵向压缩
横画扛肩
形取平势
挑画左伸
末点下坠
见：
"鳌、萤、蚕、蜚"

214. 缶字旁

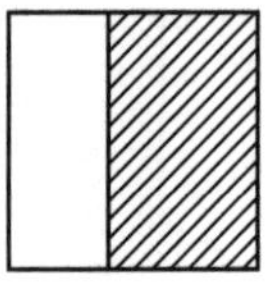

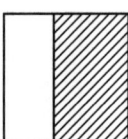

缶字变窄
位置居左
首撇要短
短横扛肩
中竖正直
边竖内斜
见：
"瓶、钵、樽、罐"

缶部　舌部

215. 缶字底

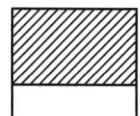

缶字变扁
位置居下
首撇变短
横稍扛肩
中竖正直
边竖内斜
见：
"罂、馨、蓓、罍"

216. 舌字旁

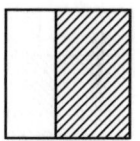

舌字变形
整体宜窄
上撇平短
首横左伸
中竖较长
口部略小
见：
"舐、甜、辞、舔"

⺮部　臼部

217. 竹字头

竹字变形
纵向压缩
位置居上
左右靠拢
左低右高
末点可挑
见：
"等、笔、管、籍"

218. 臼字头

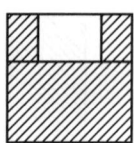

臼字变扁
位居中上
首撇平短
边竖内斜
中横断开
底横左探
见：
"儿、臾、舁、舅"

219. 臼字底

臼字变扁
位置居下
首撇短平
竖稍内斜
中横断开
底横封口
见：
"舂、舀、䎃、旧"

220. 自字头

自字变形
位置居中上
首撇要短
竖粗垂直
横轻扛肩
间距均匀
见：
"皋、鼻、息、臬"

血部　舟部

221. 血字旁

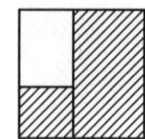

血字变窄
位居左上
首撇要短
竖画内斜
横画扛肩
底横似挑
见：
"衄、衅、脉、衃"

222. 舟字旁

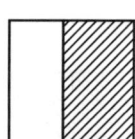

舟字变形
整体瘦长
横画左伸
右不出头
竖撇劲挺
折钩有力
见：
"舸、舰、舳、舻"

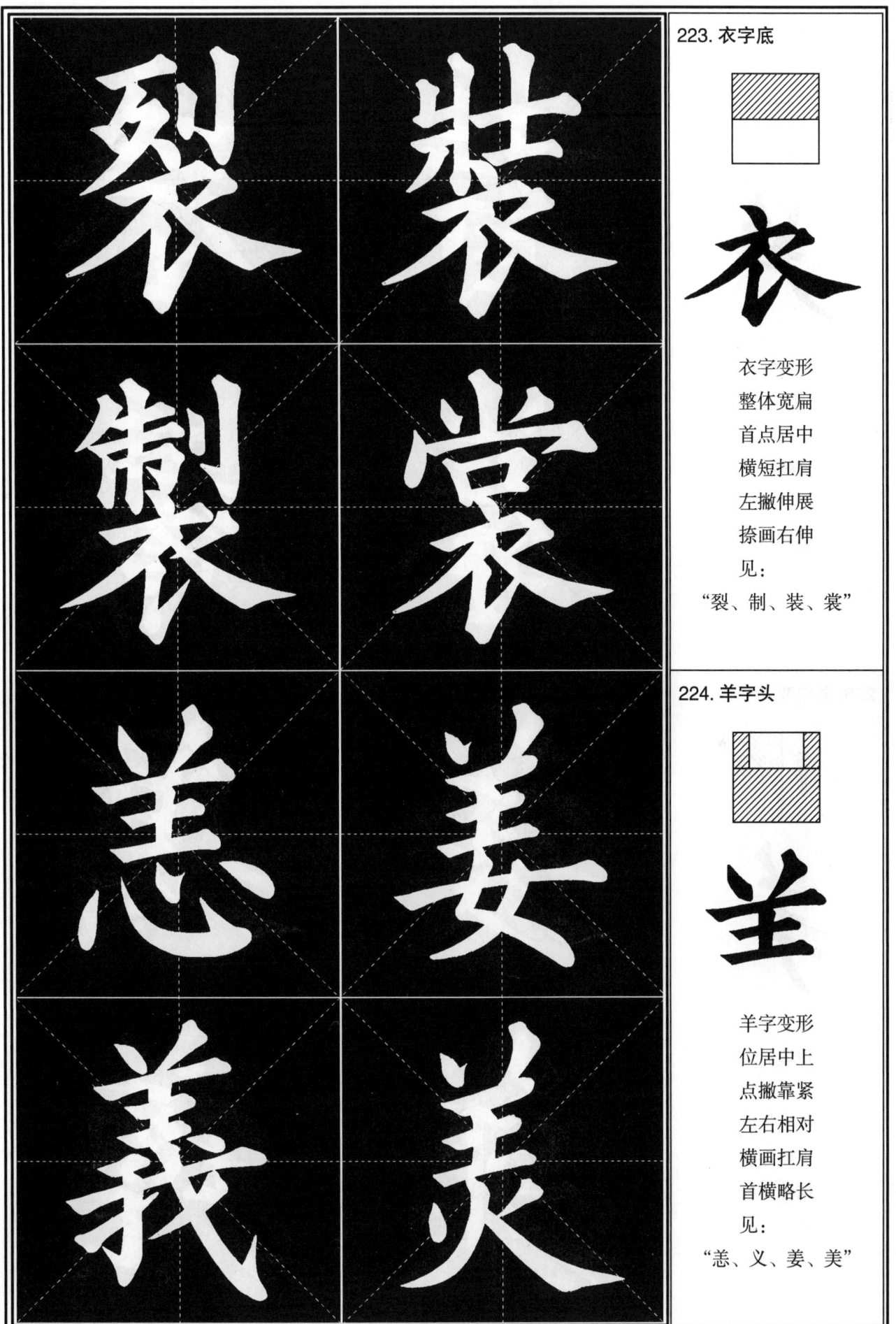

223. 衣字底

衣字变形
整体宽扁
首点居中
横短扛肩
左撇伸展
捺画右伸
见：
"裂、制、装、裳"

224. 羊字头

羊字变形
位居中上
点撇靠紧
左右相对
横画扛肩
首横略长
见：
"恙、义、姜、美"

羊（⺶）部

225. 羊字框

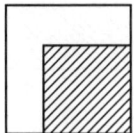

羊字变形
左上包围
点撇相对
横画扛肩
末横略长
长撇左伸
见：
"着、羞、差、鲞"

226. 羊字旁

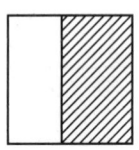

羊字变窄
位置居左
点撇紧靠
横画扛肩
末横左探
末撇微弯
见：
"羧、翔、羯、羟"

米部

227. 米字旁

米

米字变形
整体宜窄
横画扛肩
竖用垂露
左撇伸展
右捺变点
见：
"粒、粗、精、粮"

228. 米字底

米

米字变形
纵向压缩
横画扛肩
形取平势
撇捺伸展
竖用垂露
见：
"梁、粲、粱、粜"

229. 艮字旁

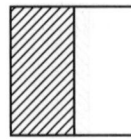

艮

艮字变窄
位置居右
横折内斜
竖挑有力
短撇靠上
捺画伸展
见：
"眼、很、狠、艰"

230. 羽字头

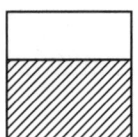

羽

羽字变形
整体宽扁
位置居上
左小右大
四点匀称
须有变化
见：
"习、翌、翯、翼"

羽部

231. 羽字旁

羽字变窄
位置居右
左小右大
左缩右展
四点匀称
略有不同
见：
"翻、翩、翊、翎"

232. 羽字底

羽字变形
纵向压缩
位置居下
左小右大
四点匀称
略有变化
见：
"翕、翦、翁、翡"

糸部　系部

233. 绞丝底

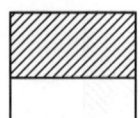

位置居下
形取平势
上紧下松
撇折对正
竖钩居中
下点对称
见：
"紊、累、素、紧"

234. 系字旁

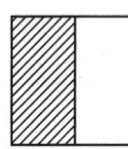

系字变窄
位置居右
首撇平短
撇折对正
竖钩居中
下点对称
见：
"繇、系、绵、县"

麦(麥)部　走部

235. 麦字旁

麦字变窄
位置居左
短横扛肩
短竖垂直
人部参差
夕部对正
见：
"曲、面、麸、麸"

236. 走字旁

走字变形
左下包围
竖画高起
下横左伸
中部简写
长捺托上
见：
"起、越、赵、赶"

赤部　豆部

237. 赤字旁

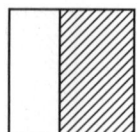

赤字变窄
位置居左
首竖高起
横画扛肩
撇画稍纵
点画对称
见：
"郝、赦、赫、赪"

238. 豆字旁

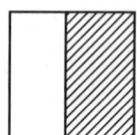

豆字变窄
位置居左
短横扛肩
口部紧凑
点撇靠拢
底横变挑
见：
"剅、豉、䜰、头"

豆部　酉部

239. 豆字底

豆字变扁
位置居下
横画扛肩
口部紧凑
点撇靠拢
底横伸展
见：
"登、岂、竖、丰"

240. 酉字旁

酉字变窄
位置居左
首横稍粗
诸横扛肩
短竖宜轻
钩画劲挺
见：
"酿、醒、醴、酪"

辰部　豕部

241. 辰字头

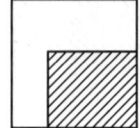

辰字变扁
左上包围
横画扛肩
左撇纵展
竖挑挺直
捺画伸展
见：
"唇、唇、辱、蜃"

242. 豕字底

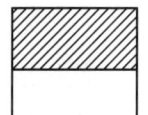

豕字变形
位置居下
短横扛肩
撇画参差
弯钩对正
捺画伸展
见：
"家、豢、篆、豪"

豕部　卤(鹵)部

243. 豕字旁

豕

豕字变窄
位置居左
横画扛肩
撇画参差
弯钩对正
捺画变点
见：
"豨、豭、猪、豵"

244. 卤字旁

卤

卤字变窄
位置居左
竖画垂直
横画扛肩
口部长方
点画匀称
见：
"咸、碱、鹹、鹾"

里部　足部

245. 里字底、里字旁

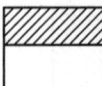
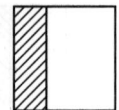

里

里字变形
居下变扁
居右变窄
中竖垂直
短竖内斜
横画扛肩
见：
"童、量、俚、娌"

246. 足字旁

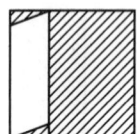

足字变窄
形取斜势
位置居左
口部紧凑
中竖垂直
底横变挑
见：
"踊、跟、踌、躇"

足部　身部

247. 足字底

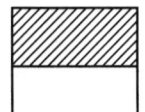

足

足字变形
纵向压缩
口字略小
形取平势
撇短捺长
上紧下松
见：
"璧、暫、塞、踅"

248. 身字旁

身

身字变窄
位置居左
上撇要短
下撇纵长
左竖稍短
右钩伸长
见：
"射、躬、弹、躯"

采部

249. 采字旁

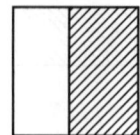

采字变窄
位置居左
首撇短平
点画呼应
左撇伸展
捺画变点
见：
"释、釈、釉、释"

250. 采字头

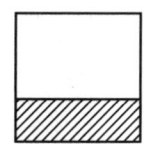

采字变扁
位置居上
首撇短平
点画呼应
木部上靠
右捺伸展
见：
"番、悉、番、弄"

谷部　豸部

251. 谷字旁

谷字变窄
位置居左
点挑相对
撇画稍纵
捺画变点
口部紧凑
见：
"郤、却、欲、鹆"

252. 豸字旁

豸字变窄
位置居左
首撇短平
点画靠上
撇画参差
弯钩对正
见：
"貌、貉、貂、豺"

角部　言部

253. 角字旁

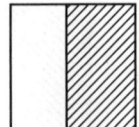

角

角字变窄
位置居左
上紧下松
横画扛肩
直撇稍纵
中竖勿长
见：
"解、触、斛、觯"

254. 言字底

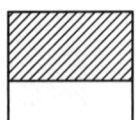

言

言字变形
整体宽扁
首点居中
横略扛肩
上宽下窄
上下对正
见：
"誉、誊、誓、警"

255. 辛字旁

辛字变窄
位置居右
横画扛肩
点竖对正
竖用悬针
或用垂露
见：
"辨、辩、辟、辞"

256. 青字旁

青字变形
位置居左
上部紧凑
长横左伸
月部瘦窄
短横靠上
见：
"靓、鹊、静、靛"

其部　雨(⻗)部

257. 其字旁

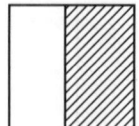

其字变窄
位置居左
竖画垂直
横画扛肩
底横左探
撇点靠紧
见：
"斯、期、欺、剘"

258. 雨字头

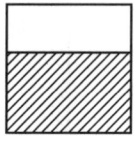

雨字变形
整体宽扁
首横稍短
横钩舒展
四点相聚
互相呼应
见：
"云、雪、露、灵"

斯　欺
期　剘
雲　露
雪　靈

齿(齒)部　黽(黽)部

259. 齿字旁

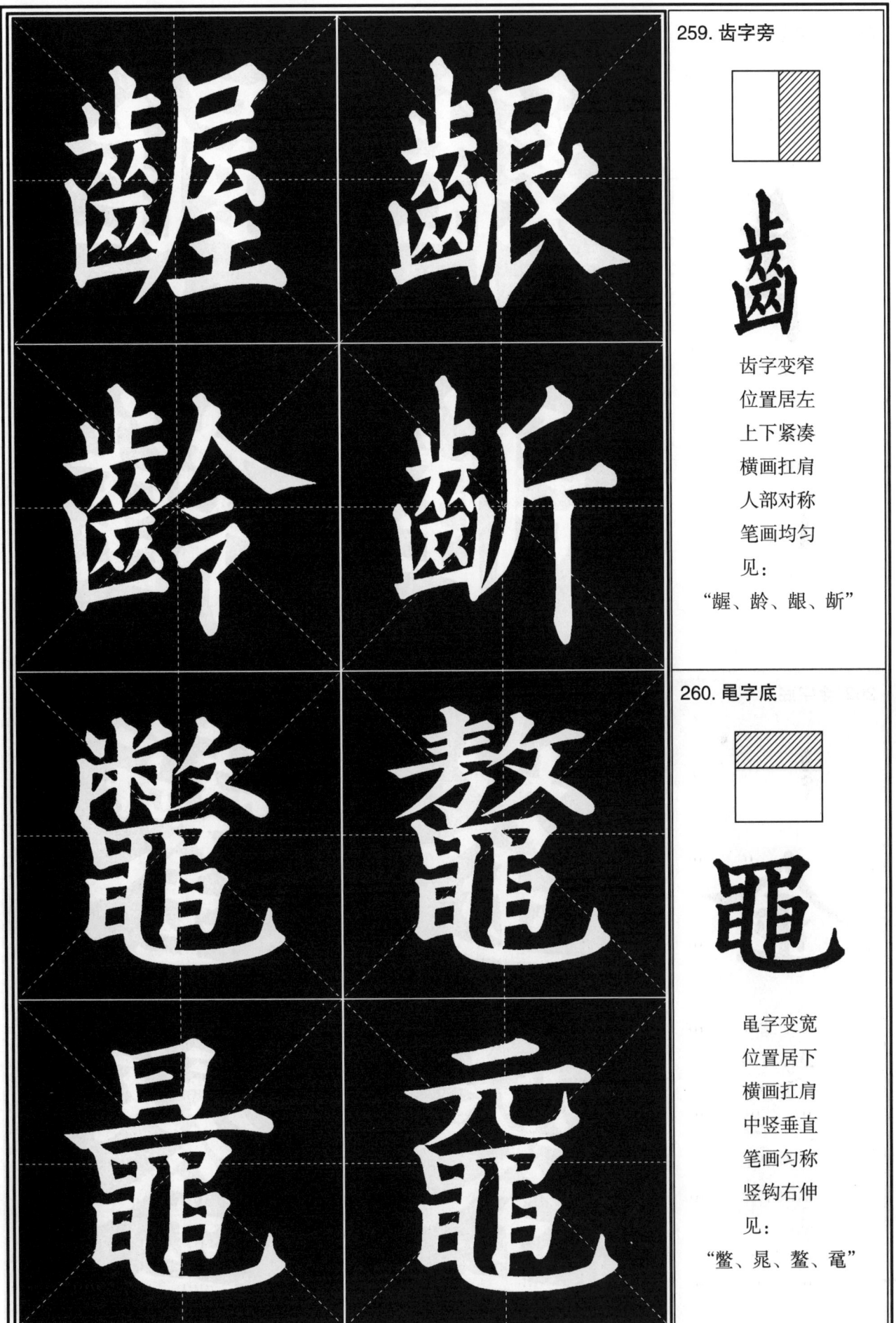

齿字变窄
位置居左
上下紧凑
横画扛肩
人部对称
笔画均匀
见：
"齷、龄、龈、断"

260. 黽字底

黽字变宽
位置居下
横画扛肩
中竖垂直
笔画匀称
竖钩右伸
见：
"鳖、鼌、鳌、鼋"

261. 隹字旁

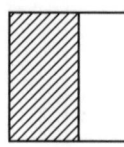

隹

隹字变形
整体瘦长
四横等距
中横稍短
点呈竖式
左竖垂露
见：
"鸡、雕、虽、杂"

262. 金字底

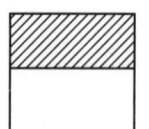

金

金字变形
整体宽扁
位置居下
撇捺舒展
竖画中正
末横平稳
见：

"崟、鋆、鉴、鳌"

鱼（魚）部

263. 鱼字旁

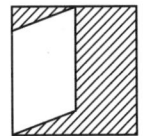

鱼字变形
整体宜窄
诸横扛肩
形取斜势
四点匀称
尖朝中上
见：
"鲜、鳝、鲤、鲲"

264. 鱼字底

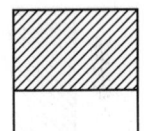

鱼字变形
纵向压缩
上紧下松
形取平势
四点均匀
尖朝中上
见：
"鳌、鲨、鲞、鳖"

革部　骨部

265. 革字旁

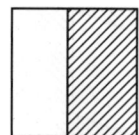

革

革字变窄
位置居左
短横扛肩
底横左探
竖用垂露
上紧下松
见：
"鞮、鞋、勒、鞨"

266. 骨字旁

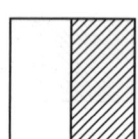

骨

骨字变长
整体瘦窄
上短下长
位置居左
横画扛肩
竖画正直
见：
"体、鹘、骼、髑"

146

鬼部

267. 鬼字旁

鬼

鬼字变形
整体瘦长
上撇短小
短横扛肩
下撇左伸
钩画劲挺
见：
"魏、魄、槐、愧"

268. 鬼字框

鬼

鬼字变形
左下包围
上撇短小
短横扛肩
下撇左伸
钩画劲挺
见：
"魁、魅、魍、魃"

食部

269. 右食旁

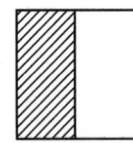

食

食字变窄
位置居右
上部捺展
横折内斜
竖挑挺直
末笔反捺
见：
"餐、飧、飡、飱"

270. 食字底

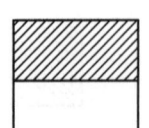

食

食字变扁
位置居下
撇捺舒展
横折内斜
竖挑挺直
末笔反捺
见：
"糍、餐、飧、饕"

音部　鬥部

271. 音字旁

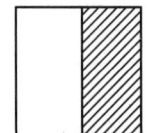

音

音字变窄
位置居左
首点偏右
横画扛肩
上宽下窄
上下对正
见：
"韶、韵、䇿、䇝"

272. 鬥字框

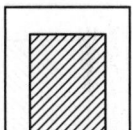

整体长方
三面包围
短横匀称
基本对称
上紧下松
竖钩劲挺
见：
"阋、哄、闹、斗"

髟部　麻部

273. 鬃字头

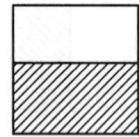

髟

位置居上
左右靠拢
左部紧凑
横画扛肩
右部三撇
形有变化
见：
"发、鬏、髦、髡"

274. 麻字头

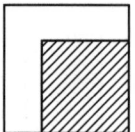

麻字变形
左上包围
首点居中
横画扛肩
长撇左伸
林部靠上
见：
"磨、靡、摩、麾"

鹿部

275. 鹿字底

鹿字变形
位置居下
首点居中
横画扛肩
撇画稍纵
末撇变捺
见：
"麓、麁、麗、丽"

276. 鹿字头

鹿字变形
位置居上
首点居中
横画扛肩
撇取纵势
末撇变捺
见：
"尘、麋、麂、麝"

黑部

277. 黑字底

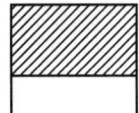

黑

黑字变扁
位置居下
横画扛肩
短竖内斜
上紧下松
点尖朝上
见：
"党、鼚、黛、鼇"

278. 黑字旁

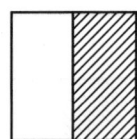

黑

黑字变窄
位置居左
横画扛肩
短竖内斜
上紧下松
点尖朝上
见：
"黠、点、默、黩"

鼠部　鼻部

279. 鼠字旁

鼠字变形
整体瘦长
位置居左
斜钩稍纵
点画匀称
上窄下宽
见：
"鼬、鼩、鼧、鼯"

280. 鼻字旁

鼻字变形
整体瘦长
位置居左
横画扛肩
上紧下松
上下对正
见：
"鼾、鼩、劓、齉"

壬戌之秋七月既望蘇子與客泛舟遊於赤壁之下清風徐來水波不興舉酒屬客誦明月之詩歌窈窕之章少焉月出於東山之上徘徊於斗牛之間白露橫江水光接天縱一葦之所如凌萬頃之茫然浩浩乎如馮虛御風而不知其所止飄飄乎如遺世獨立羽化而登仙於是飲酒樂甚扣舷而歌之歌曰桂棹兮蘭槳擊空明兮遡流光渺渺兮予懷望美人兮天一方客有吹洞簫者依歌而和之其聲嗚嗚然如怨如慕如泣如訴餘音嫋嫋不絕如縷舞幽壑之潛蛟泣孤舟之嫠婦蘇子愀然正襟危坐而問客曰何為其然也客曰月明星稀烏鵲南飛此非曹孟德之詩乎西望夏口東望武昌山川相繆鬱乎蒼蒼此非孟德之困於周郎者乎方其破荊州下江陵順流而東也舳艫千里旌旗蔽空釃酒臨江橫槊賦詩固一世之雄也而今安在哉況吾與子漁樵於江渚之上侶魚蝦而友麋鹿駕一葉之扁舟舉匏樽以相屬寄蜉蝣於天地渺滄海之一粟哀吾生之須臾羨長江之無窮挾飛仙以遨遊抱明月而長終知不可乎驟得託遺響於悲風蘇子曰客亦知夫水與月乎逝者如斯而未嘗往也盈虛者如彼而卒莫消長也蓋將自其變者而觀之則天地曾不能以一瞬自其不變者而觀之則物與我皆無盡也而又何羨乎且夫天地之間物各有主苟非吾之所有雖一毫而莫取惟江上之清風與山間之明月耳得之而為聲目遇之而成色取之無禁用之不竭是造物者之無盡藏也而吾與子之所共適客喜而笑洗盞更酌肴核既盡杯盤狼籍相與枕藉乎舟中不知東方之既白

蘇東坡 前赤壁賦 千禧之春熊若谷書於長沙